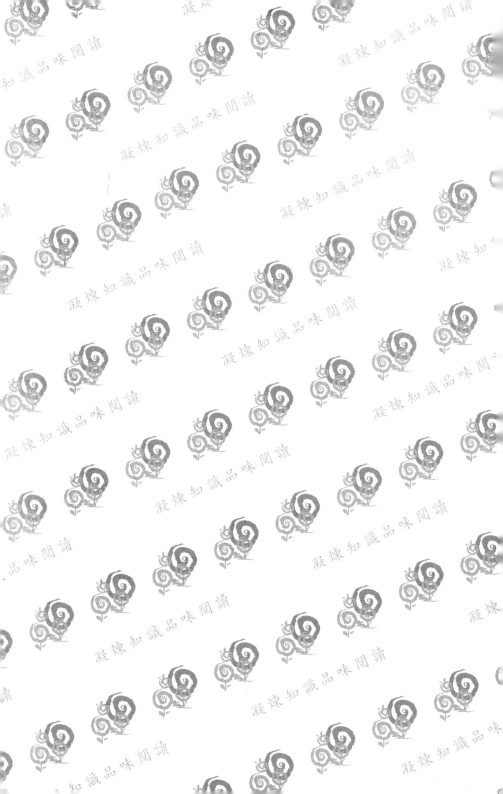

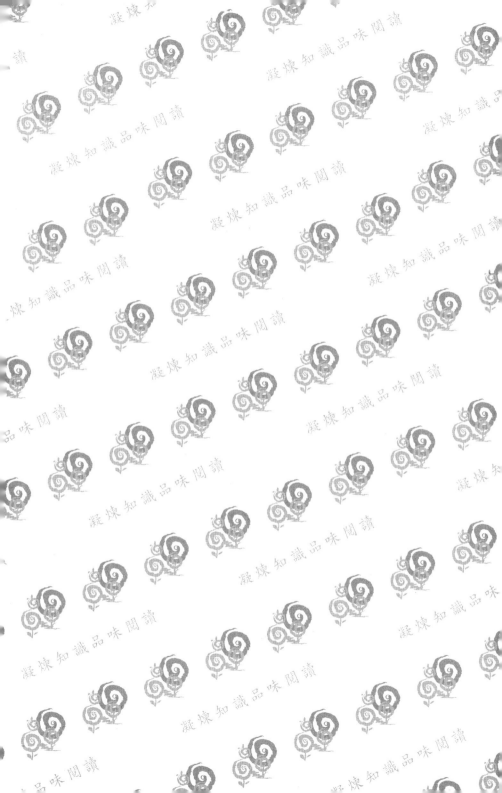

Concise
Guide
to
Group
Psychotherapy

團體
心理治療

五南圖書出版公司 印行

簡　介

美國精神醫學出版社的簡明導讀系列（Concise Guides Series），是想以一種最易於閱讀的形式，為精神科醫師——尤其是住院醫師——提供一些實用的資訊，它們適用於各種治療的環境設施，包括住院、門診、精神科照會、以及個人開業等。簡明導讀系列的設計乃是為了配合大部頭的教科書，對其中所羅列的詳細資訊，作一指引。

簡明導讀系列所出版的都是臨床精神科醫師所最關心的題目，每本書都有詳盡的目錄、索引、表格、圖例以方便閱讀；還有它們的大小，都設計得剛好可以放進醫師服的口袋裡，可作為隨身的良師。書中的參考資料，只限定於與該書材料最密切相關者。

《團體心理治療的簡明導讀》乃是由史丹佛大學醫學中心的兩位傑出精神科醫師所著，他們是蘇菲亞・維諾葛拉朵芙與艾文・亞隆醫師（Drs. Sophia Vinogradov & Irvin D. Yalom）。維諾葛拉朵芙醫師乃是新一代中最優秀、頭腦最清晰的精神科醫師之一，她不但具有堅實的基礎研究背景，在臨床精神醫學及團體心理治療上，也具有非常豐富的知識和經驗；亞隆醫師乃是美國精神醫學界的巨擘之一，他的經典名著——《團體心理治療的理論與實務》（The Theory and Practice of Group Psychotherapy）乃是其他團體心理治療著作所必須參照的一個典範，而亞隆醫師也已成為團體心理治療領域中一個國家級的大師。

這兩位作者在書中配合得天衣無縫。維諾葛拉朵芙醫師對住院醫師的訓練生涯記憶猶新，故能針對住院醫師以

及其他的受訓人員們，提供實用而明確的臨床知識結晶與技巧，讓他們能在各種的團體環境設施中使用，來治療病患；而亞隆醫師的智慧、深厚的臨床經驗、以及對團體心理治療理論上無出其右的掌握，都時時透顯在書中的每一個角落。這本團體心理治療的導讀乃是他們智慧與心力的結晶，那些想要了解這個重要治療模式之基本概念的住院醫師，以及已有不少臨床經驗而想溫故知新的精神科醫師及治療者們，都將會對本書愛不釋手，一讀再讀。

《團體心理治療的簡明導讀》所談的，都是有關組織一個團體與進行團體心理治療時，一些很要緊的原則和技巧。第一章首先界定團體心理治療，對其運用範圍、臨床相關事務、治療效能、以及其獨具的特性作一個綜述。第二章則著重於那些會影響團體心理治療成效的治療因子，並強調會影響這些因子的一些力量。其他幾章則分別描述如何成立一個團體、如何解決團體治療中一些常見的問題，並討論到一些能夠增進團體工作的重要心理治療技巧。最後，作者討論到兩種在臨床上常用到的特定化（有特定對象的）團體，也就是住院病患團體與門診病患團體。

羅伯・E・海斯醫師
（Robert E. Hales, M.D.）
美國精神醫學出版社《簡明導讀系列》・系列總編

謝　　誌

　　作者們要感謝負責出版《團體心理治療的理論與實務》（The Theory and Practice of Group Psychotherapy, 亞隆著，第三版，1985 年）及《住院病患團體心理治療》（Inpatient Group Psychotherapy, 亞隆著，1983 年）兩書的基礎圖書公司（Basic Books, Inc.），因為本書中大部分的理論基礎與臨床概念均源自於上述兩本書，讀者們可在那兩本書中找到有關團體心理治療更詳細的解說。

　　維諾葛拉朵芙醫師要深深地感謝 Philippe M. Frossard 醫師在帶領她進入精神醫學生涯以及寫作本書時所給予她的協助與支持；她也要感謝 Mickey Indianer 醫師在物質濫用團體上所作的討論，以及 Serge N. Vinogradov、Terry Osback 兩位醫師在出書前那一年之間所給予她的鼓勵。

附　　記

　　本書的作者已儘可能地使書中有關藥物劑量、用法及投藥途徑的資料能跟上時代，反映本書出版當時的情形，並能符合美國食品藥物管理局（US FDA）及醫界所認定的標準。但隨著醫學研究與臨床實務的進步，這些治療標準可能有所變更，而且有時印刷也會發生人為的和機械上的錯誤，因此我們要建議讀者，最好能遵從照顧您或您家人的醫師的指示為上。

　　本書中的一些看法或主張乃屬哈理士博士（Dr. Hales）的個人見解，並不代表官方或國防部的觀點，也不代表雷特曼陸軍醫學中心（Letterman Army Medical Center）或陸軍本部的意見。本書乃作者於公餘之暇所完成的，並未接受政府在時間或經費上的補助。

　　而由美國精神醫學出版社（the American Psychiatric Press, Inc.）所出版的書也只代表作者們自身的觀點或看法，而未必能反映出版社或美國精神醫學會的政策或看法。

譯　序

　　這本手冊是美國著名的團體心理治療大師亞隆（Yalom）及其門生所合著的實用性小書，對於亞隆大部頭的《團體心理治療的理論與實務》望而生畏的人，倒是可透過此書對亞隆的團體治療理論、及其實務的部分很快地加以掌握。亞隆團體心理治療的精髓在於「此時此地」（Here and Now）的技巧，故本書中對此著墨較多，而傳統的精神動力性技巧或活動性團體（activity group）技巧則點到為止，更遑論目前台灣正熱衷的客體關係理論及技巧；但本書的立論和觀照面尚稱平衡，且其最大的優點即在於輕薄短小而架構完整，團體治療的共通性技巧均有交待和案例，因此無論您是初學或為採用專門化團體治療技巧的老手，它都很有用，時而溫故，仍能知新。本書不僅適合精神科臨床醫師及相關專業人員使用，學生或其他領域人士應該也頗易上手作為參考，而依據譯者的經驗，它在教學上也很有幫助。

　　本書前三章早在民國 79 年即由鄧惠泉譯出，用於日間留院的督導，而 4，5，6 章則是在湯華盛督導下，由急性病房的住院醫師在讀書會中節譯（意譯）過，目前的中譯即由鄧、湯兩人負責，依上述舊稿重新對照原文、逐字逐句增修而來，因而在此要感謝黃正芳醫師、蘇冠賓醫師、及陳文慶醫師在 4，5，6 章所貢獻的初譯。

　　本書前三章及第 8，9 章由鄧惠泉主譯，其餘的 4，5，6，7 章則由湯華盛負責。為求譯筆及用詞一致，我們是先譯出索引、統一名詞，然後各章先由主譯者譯出後，交給另一人逐字逐句修改，再由原譯者更訂，雖然各章均經二到三次的交換審閱，但公餘時間緊迫，掛萬漏一之處尚請

讀者指正。

　　讀慣了原文書，一旦看翻譯的書時，最怕見中文而不知其原來的英文用詞，或因譯詞不一，引發閱讀上的不安定感。所以，此譯本中重要或新創的譯詞均附有英文，而且並非第一次出現才會加上，故有時時提醒之效；至於若干詞義相近的詞，雖然原著偶會互用，但中譯本均有固定譯法，如 setting 環境設施（相對於 condition 情況，situation 情境，environment 環境）、constraint 局限（對照於 limitation 侷限，限制，restraint 束縛；limit 界限，boundary 界線）、bereavement 喪慟，grief 悲喪（對照 mourning 哀悼）、abstenance 戒制（對照於 withdrawal 戒斷，sobreity 滴酒不沾，detoxification 脫癮）、specialized 有特定對象的，特定化的（相對於 specific 特定的，special 特殊的）、support group 支持團體（有別於 supportive group 支持性團體）……，故行文上偶會因求信而失之於雅。但如 meeting, session（聚會、會議、或開會）、mechanism（機轉、機制、……之道）則譯詞互用，隨行文而定，未特別予以區分。

　　譯詞也有些新創或從舊之處，如 psychological mindedness 心理性審度的能力、identification 認同（而非仿同）、denial 否認的態度（而非心理自衛機轉的否認作用）、therapeutic factor 治療因子（而非如文本中的他處譯為：因素）等。又如 session 譯為一個會次（一次聚會）、agenda group 中的 agenda 未從俗譯為議程，而是考其本意，新譯為論題，或如 melieu 因它較屬人為的，故譯為圍境（相對於 environment, circumstance 環境），……是新創用語，請各方賢達惠予指正。

　　書後的索引是依據英文原版之索引中譯而成，各頁碼

均是中譯本頁碼，都經譯者巡文而加以確認的。各索引條目在所指的文本中未必是完全相同的詞，可能是一組名詞之一或為一個概念、一個段落，也可能見於圖表中。各章末的參考文獻有助於延伸閱讀，均予以保留。

原著在第八章的章節畫分上明顯有誤，中譯本已予改正；原版中誤將支持團體一節併入行為、認知團體一節之中，以致於其下的兩個小節，即喪慟支持團體和專業人員支持團體，被編入後者的下屬小節，故在中譯本已重新編列，但索引中歸類之誤，則因影響不大以及編輯作業的關係，並未予變動。

本書雖小，但譯事仍繁，要感謝翻譯過程中家人的支持與編輯人員的細心幫助，謹此致意。

鄧惠泉　湯華盛於台北市立療養院
90 年 3 月

目　　錄

　　團體心理治療（group psychotherapy）乃是將心理治療技術運用於一群病患，但是它並不僅止於此。在個別心理治療中，一個訓練有素的人員會與病患建立起專業的契約關係（professional contract），並運用口語與非口語的治療性介入處置（interventions），以達到減輕心理困擾（distress）、改變調適不當的（maladaptive）行為、鼓勵人格成長與發展等目的。

　　然而在團體心理治療中，在團體環境設施的脈絡（context of the group setting）中所發展出來的病患與病患、病患與治療者間的各種互動，這兩者都被用來促進團體中的每個成員去改變其調適不當的行為。換句話說，團體本身以及訓練有素的治療者所使用的特定技術和介入處置（techniques and interventions）都被用來作為促使改變的工具，這種特色賦予團體心理治療一種獨具的治療潛能。

第一節　目前團體心理治療實務運作的範圍

　　目前團體治療（group therapy）在臨床上運用的範圍極廣，從門診病患的長期性互動團體，以至於隨到隨進

（drop-in）的急性危機處理團體都有，這種現象乃源自於治療團體（therapy groups）的三個可塑的特性：團體的環境設施（setting）、目標（goals）以及時間架構（time frame）（請見表一的例子）。

■一、臨床環境設施（Clinical Settings）

心理治療團體的臨床環境設施有極大的變異性，並會影響到團體的整體結構與功能。在此我們以臨床上兩種截然不同的環境設施中的團體來說明這一點，也就是：精神科（住院）病房（inpatient ward）與門診（outpatient clinic）。

住院病患團體（Inpatient groups）：
- 在精神科的病房中舉行
- 每天會面
- 由各種急性精神科疾病患者所組成
- 強制參加的
- 由於短期住院，所以團體成員組成變動快速

門診病患團體（Outpatient groups）
- 志願參加的團體，成員組成穩定
- 每週在精神科門診聚會
- 由功能穩定且程度相當的成員所組成

當然在這種簡化的二分法之下有不少例外。例如在某些病房裡，即使團體成員每天有很大的異動，但仍能依功能劃分，來形成一些相當具有同質性且屬於自願參加的團體。而精神科門診病患團體變化更大，從一個月一次為藥診慢性病患所開設的隨到隨進團體（drop-in group），到私人診所中，每週聚會兩次的互動團體都有。

表一　目前團體心理治療實務運用的範圍

環境設施	團體舉例	治療目標	時間架構
住院			
精神科急性住院病房	每天舉行的高功能分級團體	功能的恢復	1-2 天到數週
慢性住院病房	每天舉行的低功能小型團體	復健	數週到數個月
門　診			
私人診所或普通精神科門診	每週一次的互動團體	症狀解除與性格改變	1-2 年
普通精神科藥診	每月一次的隨到隨進之藥診團體	教育與功能的維持	無期限
行為醫學門診	每週一次的飲食疾患團體	各個明確的行為之改變	2-3 個月
物質濫用中心	每天一次的酒癮復原初期團體	對質否認心理；保持滴酒不沾	3 個月
有特定對象的各醫療科門診	糖尿病患者的支持團體	教育；支持；或社交	無期限
諮商中心	每週一次的喪慟團體	支持；情緒的渲洩；社交	2-3 個月

　　病房與門診只是對眾多臨床環境設施（settings）加以劃分的一種方式，團體治療其實也可用於很多其他的臨床情境（situations）上。從精神科日間留院、每天召開的小團體，到一週一次的戒護團體（probation group），以至於工作人員的靜修（retreats）或支持團體。爲特定醫療科疾

病患者所開的團體，如糖尿病教育團體、紅斑性狼瘡支持團體，多在醫院或門診的環境設施下進行，而其他種類有特定對象的（specialized）團體，如強暴危機處理團體、退除役榮民團體，則與那些提供特定（specific）諮商服務的中心有關，如強暴傷害中心、榮民到宅服務中心等。

■二、治療目標（Goals）

心理治療團體（psychotherapy groups）的目標也是相當多樣化的。長期性互動團體（long-term interactional groups）便是一個極端，其終極的目標在於個案症狀的緩解以及性格的改變（character change）；而另一個極端則可見於急性病房中的治療團體，其目標雖較侷限但卻很重要，主要是放在功能的恢復和出院前的準備。

而大部分的心理治療團體的治療目標則是介於這兩個極端之間，對某些團體而言，最重要的目標在於維持個案適當的社心功能（psychosocial functioning），例如藥診團體、住院或門診慢性病患的團體；而很多團體，如社交技巧訓練團體、有特定對象的自助團體（specialized and self-help groups），則提供教育、社交以及支持；至於症狀導向的（symptom-oriented）短期性團體則多半以行為治療為主（如暴食症、懼曠症、或戒菸團體），目的在改變各個明確的行為（discrete behavior）。

■三、時間架構（Time Frames）

心理治療團體的時間架構包括團體的壽命（life of the group）（也就是團體預定聚會的次數）及成員參加團體的時間長短（length of stay），兩者都與臨床環境設施、團體

目標息息相關，變異性很大。在團體壽命上，例如住院病患團體乃是整體治療方案（treatment program）所不可或缺的一部分，因此不管病房中病患的族群如何改變、住院的病患可能各式各樣，也可能是同一類的，團體都會不斷地延續下去，不論晴雨，每天照常進行；門診病患團體的壽命差異就較大了，團體可能只聚會一次，例如在學生健康中心，因應需要而開的隨到隨進之危機處理團體；團體也可能無限制地、長期進行下去，但成員組成會定期更換，以便結業的病患可由新成員遞補進來。

　　團體成員需參加團體多久（length of stay），乃取決於團體的目標。例如人際互動導向的門診團體，其臨床目標相當遠大，成員們需要花上一到三年的時間才可能獲得最大的療效，這類團體的壽命（持續期間）是沒有上限的，而一旦有成員結業，便立刻會有新成員替入，好讓團體的大小得以維持恒定；而其他許多門診病患團體則有期限（時間的限制）（time-limited format），針對某個特定問題的團體更是如此，例如為飲食疾患病患所開的教育與行為導向團體，可能便只設計 12 次聚會（12 個會次，sessions），這類團體所討論的議題（issues）與討論的方式必然與長期性團體大相逕庭。

第二節　團體心理治療的臨床相關事務

　　雖然目前團體心理治療實務運用的範圍很廣，但近年來，精神醫學教育的主流卻不再重視團體心理治療的教學與實務運用（teaching and practice），這種趨勢可能是精神醫學重回醫學主流的過程（remedicalization）所致，這使得它側重於精神疾病的生物學成因以及藥物治療。然

而，在許多（臨床）環境設施下，團體治療乃是一種被廣泛運用的治療模式、且經證明它是具有一定程度的效益（effectiveness）的。

■一、臨床療效（Clinical Efficacy）

團體心理治療是一種有效的（effective）治療方法，至少在治療許多心理疾患（psychological disorders）上，它與個別心理治療是不相上下的[1]。有 32 個研究直接比較兩者在處理人際問題上的效果[2]：其中 24 個研究發現這兩種治療方式沒有差異，而其他 8 個則發現團體心理治療比個別心理治療還要有效。

目前已有一些多面向的成效研究（Multiple outcome studies）出爐，它們檢視了團體心理治療對各式各樣心理問題或行為疾患的效果，其範圍從神經質的人際行為到反社會人格問題（sociopathy）、物質濫用以及慢性精神疾病（mental illness）都有[3-5]，這眾多的研究證據都支持在臨床上廣被接受的一個看法，亦即團體心理治療對所有的參加者都能提供一些幫助。

■二、治療對象（Treatment Populations）

相當多精神科的病患是在團體中接受他們唯一的或主要的治療，這在機構化的環境設施（institutional settings）中以及慢性精神病患的治療中最常見到；撇開大部分的社區心理衛生中心（community mental health centers）不說，至少有半數的精神科醫院和四分之一的感化機構，都在使用團體治療[6]；而許多健康維護組織（health maintenance organizations，HMOs）也用到了相當多的團體治療[7]，整

體估算起來，這個潛在的病患族群應有幾十萬之多。

■三、非精神科的團體（Nonpsychiatric Groups）

有相當多非精神科的病患（nonpsychiatric patients），參加了各種有特定對象的治療團體（specialized treatment groups），在醫療照顧的環境設施（health-care setting）裡，針對慢性病或某些身體病症的患者及其家屬，所設立的教育與支持團體，正如雨後春筍般地興起，例如糖尿病患者教育團體、阿滋海默氏疾病（失智症，Alzheimer's disease）患者之配偶的適應團體、癌症病患支持團體以及心肌梗塞後的復健團體等，這只是正在快速發展的社心介入處置（psychosocial intervention）模式的一些例子罷了。

自助（self-help）團體與自覺（self-awareness）團體，也是非精神科個案所常用到的另一類治療與介入處置的形式，例如在一九八三年，可能就有一千兩百到一千四百萬的人，參加過某種形式的自助團體，這包括酒癮患者匿名團體（Alcoholics Anonymous）、親愛的朋友（Compassionate Friends）、復原俱樂部（Recovery, Inc.）等[8]。數以萬計的美國人，還不斷地在參加諸如潛能開發中心（EST）或生命之泉（Lifespring）之類的企業組織所開辦之大型的團體性覺察訓練，而企業界也會例行地舉辦各式的研習（seminars）或靜修（retreats）活動，運用一些團體動力的原則，來加強高級主管的管理技巧。因此，幾乎各種流派的實務治療者（practicing therapist），都無可避免地會碰上一些曾經參加過某種形式團體的病患。

第三節　團體心理治療的效能

　　由於團體治療可運用在這麼多病患或個案身上，正顯示出它是一種具有效能（efficiency）的心理治療性介入處置（intervention）的模式。

■一、資源的有效運用（Efficient Use of Resources）

　　在二十世紀初，波士頓的一位內科醫師約瑟夫‧布拉特（Joseph Pratt）為了要促進為數龐大的肺結核病患的治療，開始使用團體聚會（group meetings）的方式來教育與治療他們，在他的病患當中，很多都是窮人，付不起個別照顧的花費，因而許多人都已病到十分憔悴、感到無望，並被醫療系統所遺棄了，於是布拉特將他們每 20-30 個人組織成一個團體，每週上課一次或兩次[9]，這正是團體治療的先河。

　　時至今日，團體治療仍然不失這種權宜方便之巧（feature of expediency）：我們可以有效地運用時間、空間、人力和其他資源，而達到治療大量病患的目的。在各種社區的服務機構以及機構化的環境設施裡，有限的醫療照顧人員（health care workers）必須要看護為數龐大的病患，員工病患比（staff-to-patient ratio）可能會低到連個別心理治療都嫌奢侈的地步，但團體聚會還是能夠產生有用的心理治療效果。

■二、成本效益（Cost-Effectiveness）

　　布拉特（Pratt）所治療的病患，都是些窮到無法接受其他治療方式的病患，而其他幾個早期以團體上課方式（group lecture approach）來治療精神病患的先輩，他們的對象也都是只付得起機構化照顧（institutional care）的人；英國在二次大戰期間以及戰後，為了因應排山倒海而來的精神科傷患（psychiatric casualties）以及醫療人員和經濟資源的短缺，使得團體治療成為當時最實用的治療模式，也因而促成團體治療大行其道，相關研究紛紛出籠。

　　已經不止一個研究顯示：在效能及（或）成本效益上，團體治療都一致地比個別治療來得好[2]；而在未來，保險給付（third-party payers）將會控制大半的醫療市場，方便（expediency）與成本效益（cost-effectiveness）這些務實的考量必然會愈顯重要，不少有先見之明的團體治療者已預言：不久的將來，臨床醫師將會被迫為個別心理治療的合理性作辯護，並說明他們何以會決定不去使用較合於經濟的團體治療！[10]。

第四節　團體心理治療獨具的特性

　　雖然團體治療比較符合成本效益，但它的優點卻超越單純的經濟考量：它具有其他心理治療方式所沒有的一些治療特質。團體心理治療之所以能夠成為一種無可匹敵的心理治療模式，所憑藉的乃是團體的環境設施（group setting）這個極為有力的治療利器。而這個利器的力量乃是源自於人際互動在人們的心理發展上所扮演的重要角色。

■一、人際關係與心理發展（Interpersonal Relationships and Psychological Development）

一七九九年，一位法國的心理學家在描述艾維龍的"荒野之子"（Wild Child of Aveyron）時說道：一個小孩在完全脫離人類社會、沒有任何人際互動的環境中成長，便會導致「一種心靈虛空、野蠻的狀態⋯一個絲毫不具備人類所特有的能力、而在悲慘中苟延殘喘的個體，同時他也沒有智力、沒有感情⋯」[11]。質與量皆充足的人際關係對於人類正常的心理發展是極為重要的。

在這個簡單的前提之下，人格與行為樣式（patterns）便可視為一個人在早期與其他重要人們（other significant human beings）互動的結果。例如大家所熟知的，在靈長類與人類中，成功的依附與連結（attachment and bonding），乃是調適性心理發展（adaptive psychological development）過程中所不可或缺的。早期有幾位精神科醫師及理論學家，強調精神病理與（人格）發展史中種種扭曲的人際關係之間的關聯（link），蘇利文（Harry Stack Sullivan）即是其中翹楚[12]；現代精神動力性心理治療（dynamic psychotherapy）的一些學派則強調：精神科治療應致力於瞭解和改進這些人際關係上的扭曲。

■二、團體心理治療提供人際互動的機會（Group Psychotherapy Provides Interpersonal Interactions）

蘇利文認為人格幾乎完全是個人與重要照顧者互動的產物，而當這些互動與伴隨而來的感受（perceptions）和期望（expectations）被扭曲的時候，精神病理（psychopathology）便會出現，如果我們同意這樣的看法，那麼我們便不難接受：精神疾病的治療應致力於導正人際互動的扭曲。這種治療的目標相當明確，也就是要：促使個案能與他人相互合作，在一個符合現實、互惠的關係脈絡中，獲得人際關係上的滿足，簡單地說，就是要與他人共同營造一個更豐富而能獲益的生活[13]。蘇利文在一九四○年的書上提道：「一個人心理健康的程度是與他對自己的人際關係之覺察成正比（"One achieves mental health to the extent that one becomes aware of one's interpersonal relationships"）[14]。

　　雖然在病患與治療者一對一的關係脈絡中，也能夠去檢視並矯正人際關係上的扭曲，但幾個人聚在一起而形成團體時，則能提供一個更大、更有潛力的人際互動的舞台。在團體的環境設施中，病患會接觸到各種各樣的人際關係；他們必須要彼此互動、與團體的領導者互動、與來自不同成長背景的人互動、與同性的成員互動、也要與異性的成員互動；成員們必須要學習去處理他們喜歡的、不喜歡的事物、相似處、不相似處、嫉妒、膽怯、攻擊、害怕、吸引力與競爭性。當我們仔細觀察一個團體時，便不難發現這些現象；在具有治療性和細心的帶領之下，團體的成員們便會針對彼此之間各種互動的意義與影響，提出迴饋、並接受迴饋，透過這種方式，團體的環境設施（setting）本身，便成了一個極為特定的治療利器。

■三、具有凝聚力的團體之經驗（Cohesive Group Experiences）

　　團體治療的魅力也反映出我們社會各階層所普偏意識到的一個有趣現象，也就是人們愈來愈感受到人情的澆薄

與孤獨。團體經驗本身是無所不在的；但具有凝聚力、支持性與自省性的團體經驗，在我們現代工業化的生活裡，卻愈來愈是可遇而不可求了。團體乃是我們成長經驗中不可分的一部分，從早期的家庭組成到課堂，以至於環繞在我們工作、休閒、與家居生活中的人們都是，但諷刺的是，在這同時，我們卻聽到許多有關現代生活的抱怨，包括了與日俱增的人際疏離、孤立感、匿名化（anonymity）、社會的析離（social fragmentation）等。

可能由於上述的現象，以及團體本身可以提供獨特而有力的治療性經驗，所以不只是精神醫療專業人員，就連非專業人士，也愈來愈常運用到團體的環境設施（group setting）。這些有特定對象的團體（specialized groups）絕大多數是支持性的（supportive）團體，其例子不勝枚舉，但偶爾也可見到一些團體具有高度的治療功能。例如酒癮患者匿名團體（Alcoholics Anonymous）、單親團體（Parents without Partners）、復原俱樂部（Recovery, Inc.為因應情緒壓力所開辦的團體）、過食者匿名團體（Overeaters Anonymous）、養心俱樂部（Mended Hearts，心肌梗塞生還者的團體）等，乃是目前在非專業的環境設施裡，眾多以特定對象為主的自助團體當中的少數幾個例子。在非精神科領域中運用團體的這股熱潮，正反映出一般社會大眾對於有凝聚力、富涵支持的團體經驗，具有相當大的需求。

參考資料

1. Smith M, Glass G, Miller T: The Benefits of Psychotherapy. Baltimore, Johns Hopkins University Press, 1980
2. Toseland RW, Siporin M: When to recommend group treatment: a review of the clinical and the research literature. Int J Group Psychother 1986; 32:171-201
3. Bednar RL, Lawlis GF: Empirical research on group psychotherapy, in Handbook of Psychotherapy and Behavior Change, 2nd ed. Edited by Bergin AE, Garfield S. New York, Wiley, 1971
4. Parloff MB, Dies RR: Group psychotherapy outcome research 1966-1975. Int J Group Psychother 1977; 27:281-319
5. Kanas N: Group therapy with schizophrenics: a review of controlled studies. Int J Group Psychother 1986; 36:339-351
6. Shapiro DA, Shapiro D: Meta-analysis of comparative therapy outcome studies: a replication and refinement. Psychol Bull 1982; 92:581-604
7. Cheifetz DI, Salloway JC: Patterns of mental health services provided by HMOs. Am Psychol 1984; 39:495-502
8. Lieberman M: Self-help groups and psychiatry, in Psychiatry Update: American Psychiatric Association Annual Review, vol. 5. Edited by Frances AJ, Hales RE. Washington, DC, American Psychiatric Press, 1986
9. Pratt JH: The principles of class treatment and their application to various chronic diseases. Hospital Social Service 1922; 6:404
10. Dies RR: Practical, theoretical and empirical foundations for group psychotherapy, in Psychiatry Update: American Psychiatric Association Annual Review, vol. 5. Edited by Frances AJ, Hales RE. Washington, DC, American Psychiatric Press, 1986
11. Malson L: Wolf Children and the Problem of Human Nature. New York, Monthly Review Press, 1972
12. Sullivan HS: The Interpersonal Theory of Psychiatry. New York, W.W. Norton, 1953
13. Yalom ID: The Theory and Practice of Group Psychotherapy, 3rd ed. New York, Basic Books, 1985
14. Sullivan HS: Conceptions of Modern Psychiatry. New York, W.W. Norton, 1940

哪些因素讓團體心理治療發揮療效？

團體心理治療會運用到一些特定的治療因子（thera-peutic factors）。如果想要了解為什麼各式各樣、差異極大的團體都能夠幫助成員，使其有所改變，我們就必須找出這些共通而特定的因子，而這個精簡的原則也能幫助我們去了解，在同一個團體中，不同的成員會有什麼變化。

第一節　治療因子

「是什麼讓團體心理治療發揮療效的？」在過去的三十年，已有各種不同取向的研究試圖要回答這個問題，它們包括了：對治療成功個案的面談和測驗、以及針對有經驗的團體治療者和受過訓練的觀察者所做的各種問卷調查。透過這些方法，學者們已經找出在團體心理治療中，一些促使改變的機轉（致變機轉，mechanisms of change），亦即所謂的治癒或治療因子（curative or therapeutic fac-tors）[1]。

不同研究者所提出的分類系統之間，有相當高程度的重疊性[2-4]；亞隆（Yalom）醫師針對團體心理治療的治療機轉，發展了一個以實務經驗為主的問卷，它包含 11 個

（治療）因子，在此將它們羅列於下：

1. 希望的灌注（Instillation of hope）；
2. 普同性（Universality）；
3. 資訊的傳授（Imparting of information）；
4. 利他性（Altruism）；
5. 社會化技巧的發展（Development of socializing techniques）；
6. 模仿行為（Imitative behavior）；
7. 情緒的渲洩（Catharsis）；
8. 原生家庭的矯正性扼要重現（Corrective recapitulation of the primary family group）；
9. 存在性因子（Existential factors）；
10. 團體的凝聚力（Group cohesiveness）；
11. 人際學習（Interpersonal learning）。

■一、希望的灌注（Instillation of Hope）

對於治療模式的信心，其本身就具有療效：不論它是由於患者對於（所接受的）幫助賦予高度的期望，或是因為治療者相信治療（本身）的效果[5, 6]。儘管希望的灌注與維持對所有的心理治療都很重要，但它在團體環境設施（group setting）中卻扮演了一個獨特的角色。

在每一個治療團體中，總有人進步了，而有人仍陷於低潮；而許多病患在治療結束時常會談論到，在看到別人的進步後，便會對自己的進步抱有很大的希望，例如酒癮患者匿名團體（Alcoholics Anonymous）之類的團體，便是針對酒精或其他藥物濫用者，運用已痊癒的成癮者之見證，來激勵新成員們的希望之火。在過去十年間，出現了許多自助團體，如親愛的朋友（Compassionate Friends，為

喪偶的父母設立的團體）、養心俱樂部（Mended Heart，
為開心手術的病患所設的團體），也都很重視希望的灌注
（這個因子）。

■二、普同性（Universality）

　　很多病患的生活當中充斥著嚴重的孤立感（isola-
tion），他們暗自相信自己是唯一孤獨、悲慘的人，只有
他們才會有些無法為人接受的問題或衝動。這類的患者多
半是離群索居，少有機會與人作坦白率直的溝通。在一個
治療團體中，尤其在初期階段，當病患瞭解到並不是只有
他們才有那些問題時，他們會體驗到一股強烈的解脫感。

　　事實上，有些針對特定對象的團體即著眼於幫助那些
獨自典藏了重要秘密的人，例如許多為暴食症患者所開的
短期結構性團體，便會要求成員們要坦白地揭露他們對身
體形象的態度，並詳細描述大吃大喝與催瀉（purging）的
行為。通常，當病患發現自己並不孤獨、他們的問題是很
普遍的、且其他成員也都有的時候，往往會有如釋重負的
感覺。

■三、資訊的傳授（Imparting of Information）

　　在團體中，不論是由治療者給予病患有關心理或生理
功能上的教導性指示（didactic instruction），還是由團體
領導者或成員，針對生活上的問題提出忠告或直接的指導
（advice or direct guidance），都是一種資訊的傳授。雖然
一般而言，長期性互動團體不注重教學（didactic educa-
tion）或忠告的使用，然而其他一些團體卻相當倚重忠告
或指示（instruction）。

(一)教導性指示（*Didactic instruction*）

很多自助團體，像酒癮患者匿名團體、復原俱樂部（Recovery, Inc.）、癌病患者的「日日是好日」團體（Make Today Count）、賭徒匿名團體（Gamblers Anonymous）等等，都很強調教導性指示。它們通常都會使用一本教材、請一些專家蒞會演講、並強烈地鼓勵成員們互相交換資訊；至於一些爲著罹患特定身心疾病或遭逢特定生活危機者所進行的團體（如肥胖者、強暴受害者、癲癇患者、長期疼痛患者等）都會設計一些教導性課程；團體領導者會針對個人的疾病或生活處境之本質作一番明確的（explicit）說明，而這類特定化團體的治療者多半也會對成員們教導一些方法，讓他們發展出一些應變之道（coping mechanisms）、並建立各種減輕壓力或放鬆的技巧。

(二)忠告的給予（*Advice-giving*）

明確的（explicit）教導性指示多半來自治療者，而在各種團體中，成員們則都會提供直接的忠告（direct advice）。在非互動導向的團體中，常會明確地利用領導者或成員提出直接的建議或指導（direct suggestions and guidance），以產生療效，例如在行爲模塑（behavior shaping）團體、出院準備團體、復原俱樂部、酒癮患者匿名團體中都會提供很多直接的忠告。

出院準備團體（discharge groups）可能會討論一位病患在嘗試外宿中所發生的種種事情，並對患者的做法提出一些新的方案；至於酒癮患者匿名團體或復原俱樂部則運用指導與宣導性的口號（directive slogans）（如「僅管今朝，莫愁明日」["One day at a time"]或「九十天要參加九十場聚會」["Ninety meetings in ninety days"]等）；而針對

男性性罪犯的行為模塑（shaping）團體所作的研究發現：
最有效的指導方式，乃是針對如何達成所期望的目標，給
予（個案）系統化可操作的指示（systematis operationaliz-
ed instructions）或其他變通的建議。

　　精神動力取向的互動治療團體（dynamic interactional
therapy groups）中，忠告的給予乃是團體初期不可或缺的
一部分，但對成員的效果（其實）是很有限的。在一段時
間之後，當整個團體已經渡過了問題解決（problem-solv-
ing）的階段，而開始進行互動時，如果成員們又圍繞著某
個議題，在尋求或給予忠告，則表示團體試圖要迴避正在
進行的治療工作。

■四、利他性（Altruism）

　　在任何一個治療團體中，每一位病患對其他人都有莫
大的幫助，因為他們有共通的問題，他們互相提供支持、
保證、建議與病識感。在參加團體之初，那些缺乏鬥志、
覺得無法給其他人什麼貢獻的病患，在發現他對別人能有
所幫助的時候，都會感到獲益良多，這也就是團體治療之
所以能如此提振自尊（self-esteem）的原因之一。利他性
是團體治療所特有的治療因子，在個別（心理）治療中，
病患們幾乎是沒有機會，覺得自己能去幫助他們的治療
者。

　　利他的行為不只能增進自尊，也能把那些成天將自己
心力投注於病態的自我關注（self-absorption）中的病患拉
回現實，至於那些易因一些自身的心理苦惱而陷入胡思亂
想的患者，也突然被迫要去幫忙別人，在這樣一個架構
下，治療團體培養了助人的行為，並且可以克服唯我主義
（solipsism）。

■五、社會化技巧的發展（Development of Socializing Techniques）

社會學習（social learning）--即基本社交技巧的建立--乃是所有心理治療團體都具有的治療因子，但隨著團體型態的不同，其所教技巧的本質以及其過程的明確性（explicitness）就有很大的差異。在某些團體，如爲長期住院病患所辦的出院準備團體、或針對有行爲問題的青少年開設的團體，便會明確地強調社交技巧的養成。角色扮演（role playing）的技巧便常用來讓準備去面試、應徵工作的病患作熱身，或教導青少年期的男生如何向女孩子邀舞。

在互動取向的團體中，病患們可透過彼此坦誠的迴饋，而發覺到自己調適不當（maladaptive）的社交行爲。例如，一個病患在團體中可能會發覺到：自己在交談中常會惶惶不安，因而避免與對方有視線的接觸；或了解到自己聲音太小、而且雙手老是叉在胸前，會對別人造成影響；或得知自己有一些向來不自知的小動作，它們可能會在無意間破壞了他（她）的社交關係。

■六、模仿行為（Imitative Behavior）

模仿行爲這個治療因子的重要性是很難去度量的，但社會心理學的研究指出，一般的心理治療者都忽略了它的重要性[8]。在團體治療中，成員們可藉由觀察具有類似問題的病患之治療而獲益，這種現象稱爲代理學習（vicarious learning）。

例如一個羞怯壓抑的女性成員，當她看到另一位女性

成員試圖表現出一些較爲外向的行爲、並且把自己打扮得更迷人時，她自己便可能會依樣畫葫蘆，去嘗試新的妝扮和自我展現的方式。又如一個孤獨、少有情緒表達的男性成員，發現到另一個男性成員在坦誠地開放自己後，獲得了一些女性成員正向的迴饋，可能便開始做效對方的作法。

■七、情緒的渲洩（Catharsis）

情緒的渲洩或情緒的紓發（catharsis or the ventilation of emotions）是一個複雜的治療因子，它與團體中一些其他的過程（processes，因子）都有關連，特別是普同性和凝聚力（universality and cohesiveness）。雖然完全的情緒紓發會伴隨著一種情緒上的釋放，但其本身卻很難促使一個人產生持久的改變；而（在這過程中）真正重要的是團體中的其他成員，要能對個案的內在世界給予情感上的共鳴，並進而接納他的情緒。一個自認爲令人討厭、不被他人接受、不爲人所愛的成員，當他發現自己可以表達出強烈而深隱的情緒，而仍爲其他成員接受時，便會動搖其原先對自己的負面信念。

心理治療是一種情緒性的（emotional）經驗，也是一種矯正性的經驗（corrective experience）。一個人若要有所改變，首先他必須在團體中強烈地經驗到一些事情（experience something strongly），並在激情之中感受到情緒的宣洩，而後他必須在兩個層次上，了解他所渲洩的事情之意義，進而重新整合事件的原貌：首先是在團體的情境中，繼而是在其所處的外在世界裡。這個原則將在討論團體心理治療中的人際學習與「此時此地」焦點（here - and - now focus）之章節裡進一步地詳談（譯註：下一節及第六

章第一節）。

■八、原生家庭的矯正性扼要重現（Corrective Recapitulation of the Primary Family Group）

　　許多參加團體治療的病患在他們第一個、也是最重要的團體，亦即原生家庭（primary family）中，往往有些很不好的經驗。因為團體治療提供了許許多多（原生家庭）扼要重現的機會，病患們會逐漸像以往對待其父母和兄弟姊妹般地，與團體領導者或其他成員互動。

　　一個無助地依賴的（helplessly dependent）病患可能會將不合現實的想法和能力加諸於團體領導者的身上；而叛逆的（rebellious and defiant）成員則會認為治療者是阻礙團體自主性或剝奪成員們個性的人；幼稚的或混亂的（primitive or chaotic）個案可能會企圖分化兩個協同治療者，甚至於整個團體，因而點燃強烈的抗爭火苗；好勝的（competitive）患者會與其他成員互別苗頭，以獲得治療者的注意，甚至會形成小圈圈（allies）想來扳倒治療者；還有不喜歡出風頭（self-effacing）的人，可能會以一種看似無私的態度，忽略自己的喜好，而一味地去安撫或支持別人。這所有的行為模式正代表著成員們的各種早期家庭經驗之扼要性重現。

　　在互動性團體心理治療中，最重要的不只是要讓這類早期的家庭衝突再度上演，而且要讓它們是以矯正的方式扼要地重現（當然其他一些試圖要建立心理洞識（psychological insight）的團體或多或少也需要這種經驗），因此團體的領導者必須不讓這些有礙成長的關係僵化成一個刻板而牢不可破的系統，而像許多的家庭裡一再上演的戲碼，因此，他應該對團體中各種定型的角色（fixed roles）加以

探討和挑戰，不斷地鼓勵成員嘗試各種新的行為模式。

■九、存在性因子（Existential Factors）

我們會以存在的角度來了解病患們的問題，是因為我們認為人類最終極的奮鬥課題乃是在面對存在所賦予我們的限制（the givens of our existence），也就是死亡、孤立、自由、與無意義（death, isolation, freedom, and meaninglessness）[9]。在某些種類的心理治療團體，特別是針對癌症患者、慢性致命疾病患者的團體或喪慟團體（bereavement groups），這些存在所賦予的限制（existential givens）往往在治療中扮演著核心的角色。

即使是在普通的治療團體中，只要是治療者夠敏感、或有人想討論它，團體便會投注不少時間在這些存在性議題上。在治療的過程中，成員們會開始理解到他們能從別人身上獲得的指導（guidance）與支持畢竟有限，他們會發現不論是在團體的自主性或個人生活中的作為上，最終的責任還是落在自己身上，他們將會了解到：一個人不管與別人多麼親近，他終歸無法迴避人類存在上最根源的孤獨（basic aloneness to existence），而當他們接受了這些議題的一些現實面後，他們會學著更坦然、更勇敢地去面對自己的極限。在團體心理治療中，成員之間健康而互信的關係，這種基本而親密的交會（encounter），本身就有其價值，因為它在這些冰冷無情的現實存在光景中，為我們提供了『真真實實的存在』（presence）與『抓得住的同在』（a "being with"）的經驗。

■十、團體的凝聚力（Group Cohesiveness）

團體的凝聚力，乃是一個成功的心理治療團體中、複雜而且不可或缺的特徵之一，所謂的團體凝聚力是指成員們對團體以及對其他成員所具有的吸引力（attractiveness）。在一個具有凝聚力的團體（a cohesive group）中，每個人互相接納、支持、而且願意與他人建立有意義的關係；研究顯示：具有凝聚力的團體往往會有較好的治療成效[10]。

在個別心理治療中，患者與治療者的關係本身便能產生療效；而在團體中，凝聚力就相當於個別治療中一對一的關係。大部份精神科的病患都長期缺乏歸屬感（belonging），而只有當他成為某一個團體中重要、不可或缺的成員時，這種感覺才可能發展出來，而且由於團體治療所帶來的全都是些成功的交涉（negotiation）經驗，其本身便具有療效；此外，成員們為了想獲得一個具有凝聚力的團體之重視，其所需的社會行為，也適用於他們在團體外的社交生活。

團體的凝聚力同時也提供了一個具有接納能力和善體人意的環境；病患們在具有凝聚力的環境中，會較願意表達自己、探索自己；較可能會去察覺、並整合當前自己所不能為人接受的部分；也會與他人建立更深的關係。團體中的凝聚力可以促進自我揭露（self-disclosure）、冒險行為、以及建設性地表達對質與衝突，而這些現象正是促進心理治療成功的因素。

具有高度凝聚力的團體是一個穩定的團體，成員的出席率較好、病患們會積極地貢獻與參與、而成員異動率也較低。在某些團體環境設施中，如為某個特定疾病或問題

所開的團體（如癌症病患支持團體或是大學健康中心為法律系女生所開的團體），由於成員們有共同的問題，往往會發展出極強、極為緊密的凝聚力；而某些種類的團體，特別是那些成員變動頻繁的團體，治療者對於（凝聚力）這個重要而無所不在的治療因子，則必須積極地促進它的發展。（請參考第七章）。

■十一、人際學習（Interpersonal Learning）

　　請見下一節。

第二節　人際學習：一種複雜而有力的治療因子

　　在團體心理治療中，團體為每個成員都準備了一整套獨特的人際互動場面，有待他們去探索。然而人際學習（interpersonal learning）這個有力的治療因子，卻常被一些團體領導者所忽略、誤用或是誤解，這可能是因為要瞭解與鼓勵人際的探索，治療者需要有相當程度的技巧與經驗。為了要界定清楚、為了要瞭解如何在團體治療中運用人際學習，我們必須檢視它背後的四個概念：

1. 人際關係（interpersonal relationships）是很重要的；
2. 成功的團體心理治療需要有矯正性的情緒經驗（corrective emotional experiences）；
3. 團體是一個社會的縮影（social microcosm）；
4. 要從（團體這個）社會縮影中的各種行為模式來進行學習。

■一、人際關係的重要性（The Importance of Interpersonal Relationships）

人際關係不只與人格的發展有關，而且如前所述，它也與精神病理的發生相關，因此在治療中，我們可以運用各種人際互動來瞭解以及治療一些心理的障礙（psychological disturbances）。

㈠人際關係與精神病理的產生（*Interpersonal relationships and the development of psychopathology*）

如果讓幼兒長期處於無助的狀態下，我們便會發現：對這樣一個發展中孩童的生存而言，人際接納和人際安全（interpersonal acceptance and security）需求的重要性，與任何一種基本的生物需求（basic biological need）是等量齊觀的。一個成長中的孩童為了要確保並促進這種人際接納，他（她）便會強化其行為中可獲得贊同或達成他人期望的部分，而壓抑那些會招致懲罰或不被贊同的部分，例如一個在刻板的家庭氣氛中長大的小女孩，由於不能隨意表達情緒，很快便學會要壓抑她各種自發的情緒，以利於表現出更為超然、不帶情感的行為。

當一個人與他（她）的重要關係人（significant others）之間的互動形成了一些固著的扭曲（fixed distortions），而它們還從初始的模塑（shaping）期延續到往後的生活中，此時便會產生精神病理；這些扭曲包括了：一個人在看待別人的方式上之扭曲、在瞭解自己與別人的需求上之扭曲、或是對各種人際互動的反應上之扭曲。高夫曼（Goffman）在一九六一年的文章中說得好：「世界上沒有比『別人』更有效的東西，可以為一個人帶來一個全

新的世界，或是一顰一笑、一投足、一詰難，便使得一個人原本安身立命的現實爲之崩潰」[12]。

(二)人際關係與所呈現的精神症狀（*Interpersonal relationships and presenting symptoms*）

　　病患往往不曉得人際上的議題對他們臨床病情的重要性，他們尋找治療（只是）爲了想減輕各種惱人的症狀，如焦慮或憂鬱。而人際互動導向的心理治療者之首要工作則是應專注於某個症狀群組（symptom complex）背後的人際病理（interpersonal pathology），換句話說，就是要將各種心理或精神症狀以人際互動的語言表達出來。

　　想想看，在面對一個抱怨心情憂鬱的病患時，如果光是談論「憂鬱」本身，是不會有什麼好結果的，因爲我們無法從它的典型症狀群，亦即抑鬱的心情和一些生理癥候（signs）本身或其中，找到任何著力點，可以用來開啓心理治療性改變（psychotherapeutic change）的過程；因此，心理治療者採取另一種方法，也就是與憂鬱的病患建立關係，並去探究清楚那些起因於憂鬱、並會反過頭來加重憂鬱的人際問題，例如依賴性（dependency）、過度的卑躬屈膝（obsequiousness）、無法表達憤怒、以及對他人的拒絕過於敏感等等。

　　在確認了這些調適不當的（maladaptive）人際主題後，治療者便有更多實際的議題需要去處理；而在治療關係中，依賴性、諂媚奉承、憤怒以及過度敏感等問題都會一一浮現，而可加以分析，並予以改變。

■二、矯正性的情緒經驗（Corrective Emotional Experiences）

心理治療是一種情緒性的，並且是矯正性的經驗。病患必須要強烈地經歷一些事情（experience something strongly）並且也要瞭解到這情緒經驗中的種種意涵。治療工作中包含了兩種交互出現的過程：其一是情感的喚起（affect evocation）與表達、其二則爲情感的分析與瞭解。法蘭茲亞歷山大（Franz Alexander）在一九四六年首先提出「矯正性的情緒經驗」這個概念，他說：「病患若要有所得，就必須經歷過矯正性的情緒經驗，來撫平過往經驗所帶來的創痛」[13]。

個別心理治療中兩個基礎的原則--也就是強烈的情緒經驗之重要性以及病患自身對其種種失當（inappropriate）反應的覺察--對團體心理治療也具有同樣的重要性，事實上，團體的環境設施（group setting）提供了更多的機會，讓矯正性的情緒經驗能夠發生，因爲團體中有許多與生俱來的緊張關係（built-in tensions）和多重的人際互動情境，病患是無法迴避的。

爲了要讓團體環境設施中各種固有的（inherent）互動能轉化爲矯正性的情緒經驗，（團體）必須具備兩個基本條件：

1.團體的成員們必須要感覺團體具有足夠的安全與支持力，他們才會願意表達出他們基本的差異和緊張關係（basic differences and tensions）。

2.團體中必須要有充分的迴饋與坦誠的表白，好讓成員能產生有效的現實感（effective reality testing, 能有真切的感受）。

因此，在團體心理治療中，矯正性的情緒經驗可分爲幾個部分，請見表一的摘述。

■三、團體乃是社會的縮影（The Group as Social Microcosm）

當團體可提供一個安全而坦誠的環境，使各種基本的緊張關係（basic tensions）和人際交往模式（modes of relating）都能發展出來，一種矯正性的情緒經驗便會出現，接著成員們即會去檢視隨之而來的各種人際互動，並從中學習。團體之所以能夠成爲這類人際學習的理想場所，乃因爲就在團體環境設施中，各個成員便會製造出他們特有的互動性緊張關係（interactional tensions），並以他們那些調適不當方式（maladaptive modes）與別人建立關係；換句話說，對每位成員而言，治療團體如同一個社會的縮影，在這個具體而微的世界裡，每個人都可以經歷到矯正性的情緒經驗。

表一　團體心理治療中矯正性的情緒經驗的幾個成分

團體特徵	團體過程	結果
安全的環境與支持性的互動	各種基本的緊張關係與情緒之表達	情感的喚起（evocation）
開放的迴饋與坦誠的反應	現實感與對每個成員情緒經驗的檢視	情感的整合（integration）

(一)社會縮影的發展（Development of the Social Microcosm）

只要有足夠的時間與自由，只要團體能讓人覺得安

全，隱於每個成員背後的各種人際的緊張關係與扭曲遲早都會開始浮現出來，每個人在團體中與其他成員互動的方式，漸漸會像他（她）在外頭世界與別人互動的情形，他們在團體中複製了與外面相同形式的人際圈（interpersonal world）：例如爭取他人的注意、競爭主控權和地位、兩性的緊張關係、對於出身背景和價值觀的刻板式扭曲等，都會逐一搬上檯面。

團體變得像是一個實驗室裡試驗（experiment），所有人際關係中的優點、缺點皆會在其中具體而微地展露出來，所謂日久見人心，慢慢地、而且是可以預期地，每個成員的人際病理（interpersonal pathology）都會展現在其他人的面前：傲慢、沒耐心、自戀、誇大、性別上的差別待遇（泛性化，sexualization）等特質（traits），最終都將浮現，並在團體裡上演起來。

在一個安全、以人際互動為導向、鼓勵暢所欲言的團體裡，幾乎不需要成員去描述他們的過去，或是報告他們在團體外的生活中種種交游上的困難。像在下面的幾個臨床案例中，病患們在團體中的行為（group behavior）便提供了更為精確且是第一手的資料，在眾目睽睽之下，各個成員開始表現出他們一些特定的人際問題，並且在大夥集體的審視之下，持續搬出其扭曲的戲碼。因此，一個容許自由互動的團體，最後都會發展成為一個社會的縮影（social microcosm），它是隸屬於團體中每一位成員的。

(二)臨床案例（*Clinical vignettes*）

案例一

　　依麗是一個迷人的女人，就在她先生高升調職時，自己也離開了前途大好的事業生涯。並且在她生了一個孩子之後，罹患了嚴重的憂鬱症，且被一種無法形容的疼痛所折磨。她發覺自己的生活失去了親密感，而她外在的關係，包括她的婚姻，也都變得表淺、不真實。在團體中，依麗很受大家歡迎，她的舉止迷人、善體人意、對每個人都很關心。然而，她卻很少讓團體看到她在泰然自若的壁壘之下，隱忍了多少的辛酸，她內在的痛苦和絕望有多深。她對憂鬱抱著極大的羞恥感（畢竟她身在名門富貴、而且還『頗引以為傲』呢），而對童年那段充滿了貧窮和凌虐的成長歷程，則有著更深的羞恥感，這使得她在團體中的表現，就如同她在現實社交生活與婚姻中一樣，與人維持著友好、卻疏遠且沒有生趣的關係。

案例二

　　阿倫在參加團體的時候，抱怨他的生活缺乏情緒的高低起伏，而只有一種中性、機械性的平靜。他沒有親密的朋友，雖然他在事業上相當地成功，但由於他在辦公室中求完美、好勝與霸道的作風，使得同事都對他敬而遠之。雖然他常常與女性約會，但每次開始時性歡愉所帶來的悸動，到頭來總搞得敗興而歸，而他最中意的女人就曾當場拒絕了他，拂袖而去，留給他滿懷的空虛。阿倫很快地便讓這種情境在團體中具體而微地再現，雖然他在團體中十分活躍且能言善道，但他對團體中的女性成員，包括女治療師在內，

都維持著一種詼諧卻卑躬屈膝的掌控關係，使得女成員們都感覺被戲弄，紛紛離他而去；而他對男性成員則表現出爭風吃醋、威脅欺壓的態勢，所以沒多久，大家都避免與他作有意義的互動，或與他有情緒上的瓜葛，也因此阿倫在團體這個社會縮影（social microcosm）中，很快地就斬斷了所有可以獲致滿足感的人際關係，而繼續沈浸在他那無孔不入的空虛感之中。

案例三

小鮑是個叛逆的年輕藝術家，並表現出一種玩法犯紀的氣息，他在團體外頭的行為一言以蔽之就是：反抗權威與專家；他的反抗行為常常流於幼稚和枉然，而非來自於成熟的自我肯定，他迴避了社交及工作中真實的競爭，這種態度嚴重地妨礙了他的生計與事業的發展。在團體中他很快就扮演起興風作浪的角色，他常會去挑釁其他成員，並用話來刺傷別人，他和男性治療者的關係尤其複雜，小鮑很快便不敢正視治療者，或接受治療者正向的迴饋，當他被問時他則拒絕回答，甚至有時他會說他怕自己可能會放聲大哭。團體開始挖掘他那反抗行為的另一面，而慢慢地他也從中了解到：他的叛逆乃是一種依賴性的反向表現（counterdependent nature），其實小鮑有許多依賴的渴望，並強烈地希望被人關心，但由於他對於這些強烈的渴求心生害怕，而使得他在團體中與社會上都採取一種獨特的反抗態度。

■四、從（團體這個）社會縮影中的行為來學習（Learning from Behavior in the Social Microcosm）

由於在團體環境設施中可以提供很廣泛的矯正性的情緒經驗，因此團體心理治療的過程，爲治療者提供了一個促進（個人）改變極爲有力的工具，這也就是人際學習的過程。精神病理（psychopathology）會在這過程中浮現出來，並以各種扭曲的人際互動作具體的呈現；在這過程中，每個團體成員各自展現其人際病理（interpersonal pathology），而使得團體變成一個社會的縮影；最後在這過程中，透過（他人的）迴饋，每位成員可以去經驗、去找出、並去改變其調適不當的人際行爲（maladaptive interpersonal behavior）。在此，我們將這種人際學習的過程依下文的順序，以大綱性的圖表摘述於表二[14，15]。

1.精神病理與症狀（psychopathology and symptomatology）乃是由各種調適不當的人際關係演變而來的，也因此而持續下去；在這些調適不當的人際關係當中，有許多是源自於早期發展經驗所帶來的各種扭曲。

2.只要時間充足，而團體又夠自由、夠安全，治療團體便會逐漸成爲一個社會的縮影，它具體而微地再現出每一個成員的社交圈（social universe）。

3.一種常見的人際互動過程如下：

(1)人際病理的展現（pathology display）：當各種緊張關係與人際互動在團體中逐一浮現時，成員們便開始展現出他們特有的調適不當的行爲。

(2)他人的迴饋與自我觀察（feedback and self-observation）：成員們分享對彼此行爲的觀察所見，並去發現自己的一些盲點和各種人際扭曲。

(3)分享反應（sharing reactions）：成員們指出彼此的盲點，並分享他們內心對彼此的人際行為所出現的各種回應和感受（responses and feelings）。

(4)分享反應的結果（result of sharing reactions）：每個成員開始對自己的行為及其對別人的影響，產生一個更客觀的印象，各種人際扭曲也獲得澄清。

(5)一個人對自我的看法（one's opinion of self）：每個成員開始知道自己的行為如何影響別人的想法，進而如何反過頭來影響到本身的自我重視感（self-regard）。

表二　從團體這個社會縮影中的行為模式來作學習

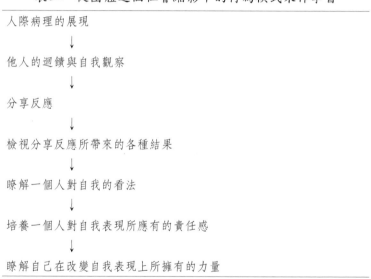

人際病理的展現
↓
他人的迴饋與自我觀察
↓
分享反應
↓
檢視分享反應所帶來的各種結果
↓
瞭解一個人對自我的看法
↓
培養一個人對自我表現所應有的責任感
↓
瞭解自己在改變自我表現上所擁有的力量

(6)責任感（sense of responsibility）：由於成員們已瞭解到人際行為會如何地影響一個人的自我價值感（sense of self-worth），他們會更充分地意識到自己要負起責任，來矯正各種人際扭曲、建立一個更健康的人際生活。

(7)領悟到一個人是有能力造成（自我）改變的（reali-
zation of one's power to effect change）：當成員們覺得應該
對生活中的人際困境負起責任時，他們便會開始領悟到：
一個人原來是有能力去改變他已經創造出來的東西。

(8)情感的程度（degree of affect）：在整個人際學習過
程中，那些愈富涵情感的（affectively laden）事件，愈有
可能促成（個人的）改變；而人際學習中的各個步驟愈能
以矯正性的情緒經驗來呈現，則學習到的經驗便愈可歷久
不衰。

在長期的、非結構性、高功能的互動團體中，人際學
習乃是促成個人改變的最主要機轉（mechanism, 因子）。
事實上，在這些（團體）環境設施中，人際學習中的幾個
要素（elements），都被成員們評定為團體心理治療經驗
中最有幫助的部分[16，17]。但並不是所有的治療團體都
會以明確的（explicit）方式來強調人際學習；然而，不論
何時，只要有團體，便會有人際互動，便能提供豐富的潛
能讓人去學習、並作改變。因此團體治療者，不論屬於何
種學派，都應該要熟悉這些基本原則。

第三節　影響治療因子的各種力量

團體心理治療是一個促進改變的場所（a forum for
change），而改變的形式、內容及過程則會隨著團體、環
境設施、目標的不同，而有極大的差異，即便在同一個團
體中，因時期的不同，改變的情形也會展現出不同的風
貌；換句話說，不同的團體運用不同組合的治療因子，而
且隨著團體的進展，發生作用的組合也隨之而異。在任何
團體裡，都有三股力量左右著團體中運作的治療機轉（因

子），它們分別是：團體的種類、治療的階段、病患間的
個別差異。

■一、團體的種類（Type of Group）

不同種類的團體運用不同的治療因子。當研究人員詢
問那些參加長期的、互動性門診病患團體的成員，請他們
指出在他們的治療中最重要的幾個治療因子時，他們一致
選出人際學習、情緒的渲洩以及自我瞭解（self-understan-
ding）這個三因子的組合（constellation of three）[14]；相
對地，住院病患團體的成員所選出的則是不同的機轉（因
子），如：希望的灌注或是像承擔責任（assumption of re-
sponsibility）這種存在性的因子等[18，19]。

爲什麼會有這些歧異呢？單就成員的組成來看，住院
病患團體的成員異動性高、成員的臨床診斷異質性很大；
病患在自我強度（ego-strength）、動機、目標與精神病理
上都明顯地參差不齊；參加團體的時間也長短不一；還有
病患在住進醫院時，已經是用盡了其他可用的資源，而感
到精疲力竭。因此對於身處這般光景的病患，希望的灌注
與承擔責任乃是最重要的兩個治療因子。相對地，長期性
門診病患團體中的高功能成員，則是病情較穩定、有動機
去改善較爲細緻、複雜的人際功能和自我了解（self-
knowledge）方面的議題。

以自助爲理念的團體，如酒癮患者匿名團體、復原俱
樂部，或是有特定對象的支持團體，如針對喪偶父母（be-
reaved parents）的團體「親愛的朋友」等，都有一個清楚
的焦點論題（focused agenda），所以，在這類團體中，最
有效用的治療因子組合將全然不同，一般而言，它們包括
普同性、指導、利他性、以及凝聚力（universality, guid-

ance, altruism, and cohesiveness） [20]。

■二、治療的階段（Stage of Therapy）

在心理治療過程中，病患們的需求與目標不斷在變，因此對他們最有幫助的治療因子也隨著改變。例如在一個門診病患團體中，早期幾個階段所關切的是要建立團體的各種界線（boundaries）與維持成員的出席率，因此希望的灌注、指導、普同性等治療因子會較為突出。

在門診病患團體中，另有幾個因子，如利他性、團體凝聚力等在整個治療過程裡，則是從頭到尾都顯而易見；但它們的內涵與表現方式，則隨著治療的進展而有大幅的改變。以利他性來說，在團體的初期，成員們透過彼此提供建議、提出適當的問題、以及表達關心和注意，來展現其利他性；在較後期，他們則可能會表達較深的情緒部分、以及更為真誠的分享。

凝聚力，是團體中另一個會隨著時間而改變其內涵和角色的治療因子。團體剛開始的時候，凝聚力反映在團體的支持與接納能力上；稍後，凝聚力可促進成員們作自我揭露（self-disclosure）；最後，它讓成員們能夠去探索各種緊張關係（tensions），諸如對質、衝突等議題，它們乃是人際學習中必要（不可或缺）的；而這些經驗又進一步蘊育出一種嶄新的、更深的親密感與團體凝聚力。病患在團體中待得愈久，他就愈會給予凝聚力、自我瞭解以及人際互動（cohesiveness, self - understanding, and interpersonal interaction）等治療因子較高的評價[17]。

■三、病患間的個別差異（Individual Differences Among Patients）

在團體心理治療中，每個病患都有他們自己的各種需求、人格特質、功能層次、以及精神病理。

每位成員都會找到一組對他們有幫助的治療因子，但其內容則各有不同。例如高功能病患，便可能比同團體中的低功能病患更重視人際學習。一個針對住院病患團體所作的研究顯示，不論功能高低，病患們都認為：責任感的體認和情緒的渲洩（awareness of responsibility and catharsis）乃是團體治療中最為受用的部分；然而，低功能病患也很重視希望的灌注，而高功能病患則認為普同性、代理學習（vicarious learning）與人際學習等三個因子也是有用的經驗[19]。

團體的經驗就像一個治療的自助餐廳，裡面供應著各式各樣的致變機轉（mechanisms of change），每個病患依據他（她）的各種需求及問題，「選擇」（"chooses"）最適用的一些治療因子。以情緒的渲洩為例：一個被動、壓抑的個案能從經歷與表達強烈的情感中獲益，而衝動控制不良的人則可透過自我約束、以及對情緒經驗作理智性的組織（an intellectual structuring）而得到好處；有些病患需要發展一些非常基本的社交技巧，而有些個案則可從認同（identification）和探索一些相當隱微的人際議題的過程中有所收獲。

參考資料

1. Fuhriman A, Butler T: Curative factors in group therapy: a review of the recent literature. Small Group Behavior 1983; 14:131-142
2. Corsini R, Rosenberg B: Mechanisms of group psychotherapy: processes and dynamics. Journal of Abnormal and Social Psychology 1955; 51:406-411
3. Yalom ID: The Theory and Practice of Group Psychotherapy. New York, Basic Books, 1970
4. Bloch S, Crouch E: Therapeutic Factors in Group Psychotherapy. Oxford, England, Oxford University Press, 1985
5. Goldstein AP: Therapist–Patient Expectancies in Psychotherapy. New York, Pergamon Press, 1962
6. Bloch S, Bond G, Qualls B, et al: Patients' expectations of therapeutic improvement and their outcomes. Am J Psychiatry 1976; 133:1457-1459
7. Flowers J: The differential outcome effects of simple advice, alternatives and instructions in group psychotherapy. Int J Group Psychother 1979; 29:305-315
8. Bandura A, Blanchard EB, Ritter B: The realtive efficacy of desensitization and modeling approaches for inducing behavioral, affective and attitudinal changes. J Pers Soc Psychol 1969; 13:173-199
9. Yalom ID: Existential Psychotherapy. New York, Basic Books, 1980
10. Budman SH, Soldz S, Demby A, et al: Cohesion, alliance, and outcome in group psychotherapy: an empirical examination. Psychiatry, in press
11. Sullivan HS: Psychiatry: introduction to the study of interpersonal relations. Psychiatry 1938; 1:121-134
12. Goffman E: Encounters: Two Studies in the Sociology of Interaction. Indianapolis, Bobbs-Merril, 1961
13. Alexander F, Franck T: Psychoanalytic Therapy: Principles and Applications. New York, Ronald Press, 1946
14. Yalom ID: The Theory and Practice of Group Psychotherapy, 3rd ed. New York, Basic Books, 1985
15. Yalom ID: Interpersonal learning, in Psychiatry Update: The American Psychiatric Association Annual Review, vol. 5. Edited by Frances AJ, Hales RE. Washington, DC, American Psychiatric Press, Inc., 1986
16. Freedman S, Hurley J: Perceptions of helpfulness and behavior in groups. Group 1980; 4:51-58
17. Butler T, Fuhriman A: Patient perspective on the curative process: a comparison of day treatment and outpatient psychotherapy groups. Small Group Behavior 1980; 11:371-388
18. Yalom ID: Inpatient Group Psychotherapy. New York, Basic Books, 1983
19. Leszcz M, Yalom ID, Norden M: The value of inpatient group psychotherapy and therapeutic process: patients' perceptions. Int J Group Psychother 1985; 35:177-196
20. Lieberman MAL, Borman L: Self-Help Groups for Coping with Crisis. San Francisco, Jossey Bass, 1979

第三章

為心理治療團體奠定基礎

　　心理治療團體早在第一次聚會之前的相當一段時間，團體領導者就已經要做很多事了；對團體的治療者而言，首先要做的便是建立一個不包含任何東西的物理實體（physical entitiy），在這個奠基者的角色中，治療者是團體最初的催化劑，並且也是它主要的統合力量：起初，成員們乃是透過他們與治療者之間共同的關係，而互相交往、建立關係，而後（彼此關係的建立）則是要仰賴治療者為團體所選定的目標和架構（請見表一）。

第一節　評量局限與制訂目標

　　每一個團體的領導者都希望能建立一個穩定的治療團體，能夠定期聚會，成員的素質整齊、參與動機強，而使團體得以朝著遠大的治療目標邁進；但是在現實裡，只有極少數的臨床情境能夠符合這樣理想的條件，因此治療者在制定團體的目標前，必需要做到兩件事：

　　1.治療者首先要評量團體運作環境中的種種內在、不可變的臨床狀況或局限（clinical conditions or constraints）。

2.然後再檢視加諸於團體的種種外在因素,並將那些會阻礙團體有效運作的因素加以改變。

治療者在考量各種內外在因素而爲團體建立起最好的架構後,便可以著手選定適當的治療目標。

■一、內在局限(Intrinsic Constraints)

內在局限*(intrinsic constraints)根植於一個團體所處的臨床情境,它們乃是一些生活中無法改變的事實,因此團體領導者必須設法去適應它們。例如受到法律戒護的病患就必須要參加一個戒護團體(probation group),治療者便需要仔細考慮這個因素,以便對團體的成效取得較爲合理的期待,在這種強制性的團體中,受戒護者的動機必然與參加教會裡爲化解婚姻衝突之工作坊的夫妻們大不相同。其他內在的臨床因素,如治療時間的長短(像在內科病房的癌症病患團體),也都會影響團體目標的選擇。

表一 爲心理治療團體奠定根基

1. 評量臨床的局限(constraints)

內在的臨床局限:是指生活中各種的實際狀況(facts of life),是一些無法改變的事情,必須盡可能地以治療的角度將它們整合到團體的結構裡去。

外在的臨床局限:是指那些治療者可以改變的事情;而在內在局限的層層限制之下,盡可能地去營造出最好的團體結構。

2. 爲團體建立基本的結構(basic structure)

病患族群

工作人員的支持度

_____

譯註:譯局限,而不用侷限,是爲標明 constraint 不盡同於 limit(或 limitation)。

　　一般性的時間局限
　　治療（療程）的長短
　　治療的一般性目的

3. 為團體制定一些特定的目標（specific goals）
　　適用於臨床情境
　　在可用的時間範圍內，是可以達成的
　　依照團體成員的能力而加以修飾

4. 決定團體確切的環境設施和大小（setting and size）

5. 建立團體確切的時間架構（time framework）
　　頻率（frequency）
　　聚會次數（times）
　　聚會的時間長短（duration）
　　團體的生命期（lifespan）
　　採取開放性或封閉性團體（open or closed group）

6. 決定是否運用協同治療者（a cotherapist）

7. 需要時，可合併團體治療與其他治療模式

■二、外在因素（Extrinsic Factors）

　　外在因素（extrinsic factors）乃是在某種臨床環境設施中，那些慣例（tradition）或既定政策，表面上看起來似乎無法改變，事實上，治療者在制定團體目標時仍能加以調整的。例如在一個急性病房裡，原先每週只有一或兩次、每次為時 30 分鐘的團體，治療者在將就這個無法令人滿意的時間架構、而將治療目標緊縮前，應先確定這個成規是否可以突破，以便團體能夠達成更遠大的目標。

外在因素乃是人為的，是治療者有能力改變的，它們往往是一些臨床態度；例如一個行為醫學診所（behavioral medicine clinic）的行政主管人員，可能會認為團體治療在整個臨床治療模式中並不重要；在這種情況下，診所裡的治療師如果想要開辦一個壓力舒解團體時，他（她）便會發現很難獲得足夠的轉介個案、找到適合的活動空間、或得到辦事人員的支持。因此治療者在實際開辦一個團體之前，就必需竭盡全力地提出呼籲、去改善這些外加的限制。

■三、選擇可達到的目標（Choosing Achievable Goals）

一個團體治療者在瞭解了團體的內在局限，並改善了種種加諸於治療工作的外在因素後，便可以確實地掌握到團體的大致架構，這包括病患的族群、療程的長短、聚會的頻率、每次活動時間的長短、以及工作人員的支持度等（請見表一）。治療者下一步便是要訂定一組能配合臨床情境，並且在有限的時間內可以達成的目標。長期性門診病患團體的目標比較遠大，不但要使症狀緩解並要促進個性的改變；但若把這種目標套用於慢性精神分裂症患者的後續照顧團體時，則會顯得扞挌不入。在有固定期限（time-limited）與特定對象的團體中，治療目標必需是特定的（specific）、可以達成的，同時應隨成員的能力與潛能加以調整。如果想要讓一個治療團體失敗的話，最好的方法便是幫它找一些不切實際的目標。

團體應該帶給成員一個成功的經驗。病患在加入心理治療（團體）時，多半已感到挫敗和沮喪，萬萬不應該再讓他們因為無法完成團體中的治療作業，而受到二度失敗的傷害；而且，如果團體領導者為團體規劃了一些無法達

成的目標時，由於病患無法有所進步，會使得領導者感到
氣憤、失去耐心，進而削弱了他們以治療的態度來運作團
體的能力。至於有特定對象的（特定化的）治療團體
（specialized therapy groups），其目標的選擇將在第七、
第八章中再詳細討論。

第二節　團體的環境設施及其大小

　　一個治療團體的環境設施和大小會受到相關的臨床局
限（constraints）所左右。例如，治療者在中途之家開辦一
個隔週一次的團體聚會時，其對團體的環境設施和大小的
期待，勢必與負責照會的精神科醫師（consulting psychiat-
rist）為照顧愛滋病患者的醫院工作人員所安排的靜修（re-
treat）活動大相逕庭。

■一、團體的環境設施（Setting of the Group）

　　對團體治療者而言，選擇一個適當的聚會場所（place）
是一件很重要的事。這地方必須一直都可以使用、有足夠
的大小、有舒適的座椅、具有隱私性、並且不會受到干
擾；不但是傳統的團體心理治療聚會需要這種環境設施，
其他形式的團體工作（group work），如工作人員的靜修
（retreats）活動，也都會需要。領導者必須事先去檢查任
何他（她）打算要使用的場地，否則團體聚會可能會被弄
得亂糟糟：為了尋找夠大的房間、為了要找來足夠的椅
子、為了應付許許多多非預期的中斷等等，便會使團體亂
成一團。

　　圓環形（circular）的座位安排總是必要的：團體所有

的成員都必須要能看得到別人。許多病房所使用的長型沙發或一些臨時隨意取用的環境設施，都會阻礙（成員們）良好的互動。如果三四個成員坐成一排，他們彼此看不到對方，會導致多數的意見都匯集到治療者身上，因為只有他是所有人都能看到的。房間當中有阻礙性的陳設、或是成員的座位高低差別太大（或坐椅、或席地），都會遮蔽視線直接的接觸，並妨礙良好的互動。

有些治療者會在聚會的場所準備咖啡和茶，以便減輕病患初始的焦慮感，這對於持續進行的低功能病患團體（如為精神分裂症患者所開的藥診團體）以及某些短期團體而言，是個很有用的技巧；例如在一個短期的喪偶團體（brief group for bereaved spouses）中提供一些點心，有助於強調團體聚會中的社會支持層面[1]。

■二、團體的大小（Size of the Group）

一個團體最適當的大小，與領導者期望能在團體工作中營造出那些治療因子有很密切的關係。酒癮患者匿名團體（Alcoholics Anonymous）及復原俱樂部（Recovery, Inc.）等組織相當倚重激勵、指導以及壓抑（inspiration, guidance, and suppression）等因子，以改變成員們的行為，因此團體成員數目最多可達80個人。相對地，治療性社區（therapeutic community）（如復旦之家）的領導者則可能運用一組全然不同的治療因子：他們也許會希望利用團體壓力及相互依賴性（interdependence）來培養個人對社區的責任感；處於這樣的一個環境設施、在這些治療目標的考慮之下，團體成員數在 15 人左右則較為適當。

一個標準的（原型）人際導向互動團體（prototypic interactional group）最理想的大小是 7 到 8 名成員，且絕對

不能超過 10 人。成員人數太少則無法提供人際互動所需的臨界群眾數量（critical mass），導致沒有太多機會讓各種不同的觀點受到大家認可，成為共識；病患會傾向於以一次一個人的方式與治療者互動，而彼此則缺乏交流。任何曾經試圖帶領只有二或三名成員團體的人，都能體會這種冒險所帶來的挫折感。反之，在超過 10 個人的團體中，則可能會有相當豐富而具成效的互動，但某些成員卻可能被人遺忘：因為時間將不夠用，無法幫每位成員去檢視以及了解其所有的人際互動。

當團體的對象是住院病患時，或在帶領有特定對象的（特定化，specialized）門診病患團體時，團體的焦點（focus）將不會像標準的互動團體那樣明顯地採取人際導向--但是治療者仍然必須致力於營造一個生氣盎然而富有吸引力的團體，盡其所能地鼓勵成員們積極參與。一個團體若要讓成員們都能互相分享其經驗，最適當的大小：最少 4 到 5 人，最多 12 個人；而 6 到 8 人的團體則可以提供最多的機會，讓所有的病患都能彼此交談。

第三節　團體的時間架構

在團體心理治療中，領導者獨具的（別人無法分擔的）責任就是在一些既定的臨床環境設施的局限下，要去建立並維持各個層面的團體時間架構，它們包括了各會次（sessions）的時間長短（duration）、聚會的頻率（frequency），以及採用開放性或封閉性的團體。

■一、聚會的時間長短（The Duration of Meetings）

對於持續進行的（ongoing）團體治療而言，每個會次（每次聚會）的時間長短（duration）最好是 60 到 120 分鐘[2]。團體暖身需要 20 到 30 分鐘。而該會次（該次聚會）的各個主要話題（themes）要能夠獲得消融（work through），則至少要 60 分鐘；但超過兩小時，效益便會減少，大約在此時，大部分的治療者都會發覺到：自己開始疲勞了，而團體也變得乏味而重複。這個原則也適用於工作人員的各種靜修活動（retreat）及研習營（work-shops），也就是在整個靜修期間，安排了一些焦點較為集中、且有固定期限的聚會。

在低功能病患所組成的團體中，每次聚會（每個會次）的時間需要縮短，這是因為病患們注意力持續的時間（attention span）較短，並且無法接受太多的社會刺激（social stimuli）；45 到 60 分鐘的聚會讓這類的團體還可以維持其凝聚力（cohesiveness），並能專注於有限的幾個議題上，而不致於超過一些較脆弱病患的能力所能承擔的範圍。聚會頻率較低的團體或是著重於高功能互動的團體，每次聚會至少需要 90 分鐘，才會有成效。有些團體的領導者在每次聚會結束前，會挪出固定的一段時間，來進行團體過程或治療者所見所聞的回顧[2]。

■二、聚會的頻率（Frequency of Meetings）

團體聚會的頻率差異很大，同樣也是取決於該團體的各種臨床局限（clinical constraints）及治療目標。其中一個極端是每天聚會一次，主要見於住院的環境設施裡，在

此，治療團體最佳的聚會頻率為每星期 3 到 6 次；而另一個極端則為一個月一次的藥診支持團體（medication clinic support groups），或是一年一度的工作人員靜修活動。

　　在門診病患團體工作（group work）中，每週一次的會程（聚會排程，schedule）最為常見，這種頻率很適合支持團體或有特定對象的（特定化）團體，特別是那些只有固定幾個會次（sessions）的團體。持續進行、有特定對象、有限定的論題（agenda）之門診病患團體，如猝睡症（narcolepsy）的支持團體，一般是兩週或一個月聚會一次。長期的互動團體，若要成功，至少每週必須要聚會一次；而若是可行，一週兩次則將會大大增進團體的深度和收穫。

■三、採用開放性或封閉性的團體（The Uue of Open Versus Closed Groups）

　　要決定團體到底採開放或封閉的方式，這與臨床環境設施、團體目標以及既定的團體生命期限（lifespan）有密切的關係。一個封閉性團體，開會的次數事先便定好了，成員人數一開始也就固定不變，而且從第一個會次（第一次聚會）起，便閉關不再接受新的成員。有些臨床環境設施會確切地指定一個封閉性團體應何時開始、何時結束；例如在一個大學的健康中心，針對為論文感到苦惱的研究生所設的支持團體，應該只會在該學期開辦，而且基於學校的課程進度和假期，該團體會被要求在特定的日期開始及結束。一些封閉性團體，如飲食疾患團體、喪慟（bereavement）團體，都會有個草案（protocol），事先訂定會次（聚會）的數目，以及每個會次計畫要進行的特定論題（agenda）。

　　相對地，開放性團體對成員組成（membership）與結構較有彈性。有些團體可讓成員總數有所波動，例如在一個精神科病房裡持續進行的團體，正可反映出住院病患的人口消長；而有些團體則是維持同樣的大小，有人離開便補充新人進來。開放性團體常有一組較為廣泛的治療目標，一般而言，聚會並沒有期限，儘管成員們進進出出，團體依然屹立不搖；即便是在持續進行的門診病患團體中，成員們可能會在其治療目標達成後（平均是 6 到 18 個月）即不再出席，其出缺則由新成員取代。在一些精神科教學中心，有些著名的團體已持續進行超過 20 年，並已成為好幾代住院醫師養成訓練的溫床了。

第四節　協同治療者的運用

　　大多數的團體治療者比較喜歡有個協同治療者。協同治療者可以互補和彼此支持；由於他們持有一些共同的觀點，可以一起檢視一些靈光乍現的想法（hunches），而每個治療者的觀察範圍及治療能力都得以擴展。

■一、兩性協同治療者的組合（The Male-Female Co-Therapist Team）

　　一個兩性協同治療者的組合（co-therapist team）具有獨特的好處。首先，它重現了原生家庭的雙親結構（parental configuration），對很多成員而言，這讓團體增加了情感上的動能（affective charge）。其次，男女協同治療者以相互尊重的方式一起工作，而沒有彼此貶抑、交相剝削、或性別上的差別待遇（泛性化，sexualizing）的情形，

很多成員都可從觀察（協同治療者間的互動）中有所獲益，因為他們太常把這些（負面的）關係認為是男女相處上理所當然的現象了。更重要的一點是：男女協同領導者（co - leaders）讓團體中可能產生的移情反應（transferential reactions）的範圍大為擴展；病患對各個協同治療者的反應會有很大的差異。例如一位有幾分撩人的女性成員可能會去迎合男性治療者，而忽略了與其搭檔的女性治療者，這種行徑在單一治療者的團體裡是不會清楚地浮現的；又如一位男性成員可能會與女性治療者結盟，而與男性治療者同台較勁。

成員們會對男女協同治療者的關係產生許多幻想和錯誤想法。這些現象多半來自於成員們對於兩位領導者之間的權力分配（誰真正在領導這個團體？）以及性的議題（兩位協同治療者在團體外有性關係嗎？）上的種種想法及感受。在一個高功能且有凝聚力的團體中，若協同治療者們夠成熟、有技巧，便可以而且應該要公開地探討這些重要的主題。

■二、協同治療者與困難處理的團體（Co-Therapists and Difficult Groups）

協同治療（co-therapy），對於初學的治療者或是帶領困難處理的病患（difficult patient）團體的資深治療者而言，是種特別有用的治療形式（format）。協同治療者，除了可以澄清彼此在團體中的陳述（presentation）所引發的移情性扭曲（transference distortion）外，也可以互相支援，以便在面對強大的團體壓力時，仍能夠保持客觀性。單一治療者常會覺得要與成員們分享對團體的看法，很有壓力，尤其是當他（她）的治療立場（therapeutic stance）

並不受歡迎的情況下。

> ### 案例
>
> 　　有兩個很有經驗的治療者帶領了一個團體，有個
> 孤單寂寞的女性成員說：在她做義工的病房裡，她與
> 一個精神科病患發生了性關係；在這次團體聚會中，
> 她對自己這種行徑大加鞭責，其他的成員為了要支持
> 她，除了異口同聲地叫嚷著，要赦免她的行為外，同
> 時也試圖逼迫領導者要採取同樣不責難的態度。然
> 而，在這兩個協同治療者聯手之下，他們彼此互相支
> 援，並試圖維持其專業的客觀性，而這種立場終於幫
> 助了這名病患能對她自己的行為作更清楚的洞悉。

　　協同治療者在幫忙另一位治療者安然渡過團體成員的
攻擊上，是極具價值的。一個在「槍口威脅」下的治療
者，可能會被嚇得無法對攻擊作出澄清，或無法去鼓勵成
員作更進一步的攻擊、而不表現出防衛或自貶的態勢；沒
有比炮聲隆隆下的治療者還要吃癟的了，他還得說：「你
在此刻能表達出自己真正的感受並且攻擊我，真的很棒！
再繼續吧！」然而，身處如此情境之下，一個協同領導者
能做的便是幫助病患，以適當的方式去傳送和表達（chan-
nel and express）他對另一位治療者的憤怒，然後才協助他
去檢視那個憤怒的來源及其意涵。

　　協同治療者也可以互相幫忙，把仍然隱藏在團體中的
困難題目提出來，特別是當一些成員共謀要將這些題目給
隱蔽起來的時候；例如在一個團體中，所有的成員都刻意
避諱不提前個會次（前次聚會，session）中所發生的情緒
交流（emotional interchange），協同治療者便可帶頭抒發
各自對上次聚會的反應與想法。

■三、想法上的差異（Differences of Opinion）

在某個團體會次中，當兩位協同治療者有想法上的差異時，有兩個因素要考慮：一是團體的功能程度（level of functioning），另一則是團體的成熟度（maturity）。低功能的病患，大體而言較脆弱或較不穩定，不應該接觸到協同治療者之間的衝突，不論它們是表達得多麼和緩。同樣地，即便是高功能病患的互動團體，在其初期團體並不穩定、凝聚力也不夠的時候，也是難以承受兩位領導者之間的分歧。

爾後，在已經穩定下來的互動導向團體中，協同治療者們對於意見相左之處的坦誠，（反而）會對團體的效力和開放度（potency and openness）有相當實質的幫助。當成員們看到他們所尊敬的兩位領導者，可以公開地表達不同意見，而後又能以坦誠和機智來消彌歧見，讓他們經驗到：治療者並非絲毫不會犯錯的權威人物，他們也是不完美的凡人；這種經驗對於那些習於依照定型化的角色（如權威人物），對他人盲目地作反應的成員，以及那些需要學著依照個人特質（individual attributes）來區分他人的成員，都能有所幫助。治療者對於公開地探索各種感受以及化解衝突的過程，願意親自全程參與的話，對團體治療這個進路（approach）將會是一個很有力的保證。（請見有關治療者的透明化[therapist transparency]那一節）（譯註：第六章第二節）。

■四、協同治療的壞處及問題（Disadvantages and Problems of Co-Therapy）

協同治療者的關係中所存在的一些問題，乃是協同治療形式中幾個重大壞處的根源。如果協同治療者們無法很愉快地共事、或是心胸狹窄且相互較勁、或是對團體領導的風格及策略南轅北轍時，他們所帶領的團體便不能有效地運作。造成失敗的主因乃是由於兩個協同治療者各自堅持極端不同的意識型態[3]。因此，在選擇協同治療者時，重要的是要找一位個人風格（與治療者）相當不同，而又能互補的人；但是他（她）應秉持相似的理論取向，並且具有某種令人感到舒適、穩定的個人親和力（affinity）。

當兩個協同治療者的經驗相差很多，而要共同領導一個團體的時候，他們必須要有開闊的心胸，無先入之見，具有成熟的態度，能夠愉快地共事，可自在地扮演好協同工作人員或老師與學徒的角色。分裂（離間，splitting）這個現象，經常出現在由協同治療者們所帶領的團體裡，而且有些病患可以敏銳地感受到協同治療者之間關係的緊張；舉例來說，假如一位治療新手對資深協同治療者的臨床經驗和智慧心生嫉妒，一個專門喜歡搞分裂（離間）的成員便可能會對年長治療者所說的每件事都大表讚嘆，而貶低年輕治療者的各種處置。

偶而整個團體會分裂成（split into）兩半，每個協同治療者各擁有一群病患與他（她）站在同一邊；這現象可出現於：病患覺得他們與治療者之一具有特別的關係時，或是當他們感覺某個治療者比較聰慧、較為資深、較有吸引力時，或是具有相似的種族背景、有類似的問題（例如，在酒癮復原團體裡，協同治療者是已經復原的酒癮患

者）。（治療者對於）分裂（離間，splitting）現象，就像稍後會討論到的次團體的形成（subgrouping）一樣，應該要隨時留意，並能在團體中作公開的詮釋（解讀，interpreted）。

第五節　團體心理治療與其他治療的合併使用

　　團體心理治療常與其他治療模式合併使用。例如，團體中的某些成員，目前可能也正與其他的治療者進行個別心理治療，這稱為聯合治療（conjoint therapy），也是合併幾種心理治療方式中較好的一種；而在合併治療（combined therapy）中，團體裡的所有或部分成員則是同時又與團體治療者進行個別心理治療。團體心理治療也可以合併一些簡短的臨床訪視（clinic visits），例如出席社區心理衛生中心（community mental health center）的慢性精神疾病患者（chronic mentally ill patients），可以與他們的個案工作者（caseworker）或為他們開藥的精神科醫師，先作簡短的會面，而後去參加每週一次的團體聚會。

■一、個別心理治療加上團體心理治療（Individual Psychotherapy Plus Group Psychotherapy）

　　什麼情況下個別心理治療合併團體心理治療才能發揮效用呢？有些病患經歷了人生的重大危機，其程度嚴重到除了團體心理治療之外，他們還需要暫時性的個別支持（temporary individual support）；而另外有些人則由於長期受到害怕、焦慮或是攻擊的困擾，而致嚴重失能，需要借助個別心理治療，才能持續留在團體中、才能有效地參

與團體。如果個別與團體治療者能相互支援、常有接觸，而且如果個別心理治療能採取人際導向，並能去探索當前的團體聚會中所引發的種種感受時，那麼，個別心理治療與團體心理治療，這兩種治療進路則可以相輔相成。

　　同時在進行的個別心理治療可能會以好幾種方式妨礙到團體心理治療。當個別治療者與團體治療者的進路（導向，approach）存有明顯差異時，病患會被搞混，而兩種治療甚至可能是朝相反的目的在進行；例如一位接受精神動力導向之個別心理治療的患者，他可能正被鼓勵去作自由聯想，並去探索其童年的種種記憶和幻想，而在團體中，這種行為卻不斷地受到貶抑，反而是被要求去（投入）現實導向、「此時此地」的人際參與，這使得他深感迷惑而心生憤慨。

　　相反地，病患已經習慣了個別心理治療的支持和自戀式的滿足（narcissistic gratification），或是習於探索各種幻想、夢、聯想以及記憶，並習慣特別受到治療者的注意，可能會因團體而受挫，尤其是在初期幾次的聚會中，通常個人獲得的支持會較少、而較著重於建立一個有凝聚力的單位（cohesive unit），會花較多的時間去檢視當下的各種互動，而不對個別成員的生活作深入的探索。

　　如果病患在個別心理治療當中，把一些較適合在團體中表達的情感都耗盡時，那麼個別心理治療與團體心理治療便也可能會相互干擾。有些病患會主動去分裂（離間，split）他們所接受的兩種心理治療，並會把在個別心理治療者那裡所獲得的支持，拿來與他們在團體中所經歷的挑戰和對質作比較。

■二、藥診的支持團體（Medication Clinic Support Groups）

團體心理治療常用於藥診，這是一種實用而人性化的治療組合，一般多是針對慢性精神科疾病的患者（而設）。病患隔週或每個月來藥診一次，常常是來領抗精神病藥物或鋰鹽，他們同時便參加一個與門診相關的團體聚會；（這團體）每次聚會（各會次，sessions）的安排相當結構化，並專注於教導病患用藥和解決各種實務問題。團體心理治療乃是用來促進（enhance）、強化（reinforce）病患在藥診裡的經驗，也讓這個經驗得以個人化（personalize）。研究一再顯示：團體心理治療，在這類後續照顧門診中，的確有其效果，事實上，也有證據顯示：以團體的方式提供後續照顧要比個別的（individually）方式來得好 [4-6]。

參考資料

1. Yalom ID, Vinogradov S: Bereavement groups: techniques and themes. Int J Group Psychother 1988; 38:419–457
2. Yalom ID: The Theory and Practice of Group Psychotherapy, 3rd ed. New York, Basic Books, 1985
3. Paulson I, Burroughs J, Gelb C: Co-therapy: what is the crux of the relationship? Int J Group Psychother 1976; 26:213-224
4. Claghorn JL, Johnstone EE, Cook TH, et al: Group therapy and maintenance treatment of schizophrenia. Arch Gen Psychiatry 1974; 31:361-365
5. Alden AR, Weddington WW, Jacobson C, et al: Group after-care for chronic schizophenia. J Clin Psychiatry 1979; 40:249-252
6. Linn MW, Caffey EN, Klett CJ, et al: Day treatment and psychotropic drugs in the aftercare of schizophrenic patients. Arch Gen Psychiatry 1979; 36:1055-1066

第四章

創建一個心理治療團體

　　在團體治療者已經為心理治療團體建立一些基礎之後，他（她）必須要去選擇與準備一些可以達成團體目標的病患。團體治療者也身負著創造一個治療環境或文化的責任，好讓新進成員們能夠以一種安全而有建設性的方式，在團體中和睦共事。

第一節　選擇病患與組成團體

　　當治療者對團體的種種目標與基本架構，已經有一個清楚的想法之後，換言之，也就是對團體的治療作業（task）有了一個清楚的看法。他（她）必須選擇一些可以履行這個治療作業的成員。團體領導者對於成員的準備與選擇是極為重要的，它對團體的整個療程（course）有很大的影響。

■一、選擇病患（Selecting Patients）

　　治療者最關心的是如何選擇合適的病患，來創建一個有凝聚力的團體。對團體凝聚力最具威脅的莫過於有明顯行為偏差的成員，所以團體領導者在選擇成員時，必須兼

顧有助於團體整合，且不會在某方面出現偏差行爲的人。一個寄宿之家（board and care home）的慢性精神分裂症患者團體，會因爲有個喜歡操縱的邊緣性人格違常的病患，而無法有效地產生凝聚力。相同地，一個高功能的門診病患團體，也容不下一位慢性精神病患者或動不動就出現解離狀態的病患。

不管任何團體，選擇病患最重要的一個條件就是有能力去履行團體的治療作業。研究顯示各種團體失敗的原因中，行爲偏差（deviancy，就是不願意或不能履行團體的治療作業）與團體成效（outcome）呈負相關[1，2]。當一個人自認爲或被其他成員認爲是「團體外」的人、一個行爲偏差的人或是一個可有可無、可任其自生自滅的人*（mascot）時，他（她）將無法自團體中獲得益處，並且很有可能會得到負面的成效。

在臨床上，治療者事實上並非在選擇團體成員，而是在排除（de-selects）某些病患進入團體。團體治療者會先考慮排除某些病患（大部分是因爲治療者預期病患可能會出現偏差行爲，或者因爲病患缺乏改變的動機），而剩下來的病患則可納入團體（如表一）。團體治療者的生涯當中，會有很多機會去帶領某些須強制參加的住院病患團體、或矯正機構中的團體，這時他（她）對團體成員的組成就少有著墨的機會。然而，團體領導者必須隨時準備祭出治療者最終的權威，來排除那些顯然不能遵守團體規範以表現團體可接受之行爲的病患、或那些威脅到團體存續的病患，例如行爲躁動不安的病患或躁症病患；無法承受

譯註：mascot，原意：（各種活動、組織……等的）吉祥物；在此引申
　　　意指可供在一處的物品⇒可有可無，可任其自生自滅的人；亦見
　　　第五章，有關衝突及沈默的病患之章節。

團體環境設施的壓力的病患，如有極度妄想傾向或完全無法與他人和睦相處的病患，也必須排除在團體之外。治療者一般都會有高度的把握，確定團體治療對上述這些行為偏差的病患沒有幫忙，甚至對他們是有害的；而且他們也會危害到其他病患的治療。表一摘述了排除與納入團體成員的基本準則。

表一　選擇團體心理治療病患

納入準則
・有能力去履行團體治療作業
・有動機參與治療
・個人的問題徵結所在與團體目標一致
・承諾參加團體療程中的各次聚會，且每次都能全程參與
排除準則
・無法承受團體的環境設施（的壓力）
・有偏差行為的傾向
・極度的躁動不安
・無法遵守團體規範以表現出可被接受的行為
・極不容易與人和睦相處

■二、組成團體（Composing the Group）

假如一個治療者希望開辦一個酒癮患者成年子女（adult children of alcoholics）的團體，並且已經有十五位合適的轉介個案在等待。他（她）如何決定哪些病患可以相處在一起合作愉快呢？在此再次強調，治療者必須要關切團體的完整性。因此所選擇的成員必須要能恪守團體治療的目標，並且有可能持續待在團體，才可以被納入。

　　組成團體時，首要考量乃是團體的凝聚力。對於長期的門診病患團體而言，一個有效而大致上實用的方法就是：成員的自我強度（ego strength）應盡量求其一致（homogeneity），而其問題徵結所在（problem areas）則可以五花八門（heterogeneity）[3]。團體中因為有各式各樣的人格型態、年齡與問題徵結，反而豐富了成員間的互動，舉例來說，在一個人際互動導向的門診病患團體裡，成員們有不同的背景，與各種不同的抱怨：例如，一個年輕人帶來的議題是成功與權威；一個中年婦女的議題是在情緒自主上的掙扎；一個年輕婦女欲尋求突破社交上的孤立。這種異質性在團體中形成了一個豐富的人際探索的網絡。然而，每個成員則必須擁有必要的自我強度，以便承受團體在檢視各種「此時此地」的互動時，所帶來的情感與認知的經驗。

　　至於有特定對象的團體的情況就不同了，病患在主要的問題徵結（major problem area）上同質性很高，不管這些問題是飲食疾患、喪慟或慢性疼痛等問題，但是他們的自我強度（ego strength）異質性卻很大。帶領同質性高的專科團體（specialty group）的治療者，無論何時，在組織一個同質性的治療團體時，都必須盡可能地去篩選那些在動機與心理性審度能力（psychological mindedness）上有相似程度的成員。在一個具有高度動機、步調迅速的物質濫用患者的團體中，若收進一、兩位剛從古柯鹼精神病恢復的病患，由於他們的脆弱、敏感、以及逃避工作負擔的傾向，會阻礙團體的運作。同樣地，由一群僵化的慢性精神病患所組成的一個冷漠的團體，若進來了一個激躁的或躁症的病患，可能會把團體催逼得太急、太快，反而讓團體變得不穩定。

■三、成員組成的範圍（Range of Membership）

　　有些團體領導者可能希望成員組成的範圍較為廣泛或均衡，例如，組成一個男女人數相當的團體、或者包括廣泛的年齡層、或者擁有各種不同的人際活動層次。在某些種類的團體中，成員的組成在這些基本變數上若能取得均衡，將可影響到團體初期的定型，與（或）哪些討論的主題會浮上檯面。例如，在結構化的喪慟團體中，有無鰥夫的存在，會大大地改變團體互動的步調與重心[4]。

　　有些團體則需要用更巧妙的方式來平衡其成員的組成。一個商學院年輕女學生的支持團體，必然是由性別、年齡層，與職業興趣相同的成員所組成的。然而，若在成員的人格型態與活動力層次上取得平衡，對團體的組成將有莫大的幫助。有一兩個愛交際的個體，通常可以成為引燃同質性團體的火花；努力將這類成員（指愛交際的個體）與功能相當、但較能深思熟慮的成員取得一種平衡，將有助於讓團體維持高度的刺激性。

■四、排除不能與他人和睦相處的病患進入團體（Excluding Incompatible Patients from a Group）

　　團體領導者在篩選病患與組織一個治療性團體時，必須學習能在事先辨認出有可能出現偏差行為的候選成員。這個重要的治療作業（task）之所以會困難重重的原因之一，乃是因為我們無法完全從篩選過程中所獲得的資料裡，預測出團體成員往後在團體中的行為（group behavior）。候選成員以前參加團體的經驗是很有價值的資訊。候選成員曾經有過參與團體治療失敗的經驗；或對團體治

療工作抱持敵視的態度；或缺乏社交技巧、心理性審度能力（psychological mindedness）、或足夠的注意力去參與團體治療作業；或抱持不切實際的期待時，將會破壞團體早期凝聚力的產生。（表二）

表二　辨認團體心理治療中不能與他人和睦相處的病患

- 以前有團體治療失敗的經驗
- 對團體工作抱持敵對的看法
- 利用團體尋求社會接觸
- 對於治療成效有不切實際的期待
- 顯現躁症、激躁或偏執的行為
- 無法參與團體的治療作業

　　對一個人際互動導向的團體而言，治療者必須以一兩次的接案會談（intake interviews），將焦點集中於候選成員的人際功能上：包括過去、現在以及在會談當中。治療者必須評量病患承受各種人際互動的能耐以及對這些互動作深思的能力。適當的問句包括：「今天的接案會談進行這麼久了，您作何感想？有什麼讓您覺得不舒服的地方？您如何對陌生人表達自己？」候選成員若無法回答這些問題，或甚至無法瞭解這些問題的意思，則將盡快地將他排除在人際互動團體外。因為這種成員將會妨礙任何運用人際學習的團體工作。

第二節　準備病患以參加團體心理治療

　　團體治療者必要的團體作業之一，就是準備那些預定

參加團體的病患。團體前的準備可以減少中途退出，增加
凝聚力，並且加速治療工作的進行[5，6]。準備若做得徹
底可以幫助團體成員，事先知道團體的治療作業而能集中
注意力於其上。這進一步會影響到團體領導者早期的工
作，在這時期，他（她）乃是要著手建立治療文化，並引
導蹣跚學步的團體朝著目標前進。

■一、團體前準備的目的（Purpose of Pregroup Preparation）

　　很多病患對於團體心理治療的價值與效用（efficacy）
抱持著錯誤的觀念，他們認為這是一種便宜的、效果打折
扣的心理治療，因此不像個別心理治療那樣有價值。要讓
病患把這些負面的期待公開地說出來，並應將它們加以修
正，好讓病患可以完全融入治療。還有病患會關切團體的
程序與過程（procedure and process）：例如團體的大小？
成員的型態？負面對質的多寡？保密性如何？

　　最普遍的害怕之一便是預期必須要表露自己（reveal
oneself），以及在一群具有敵意的陌生聽眾面前，承認一
些會令人恥笑的罪過；治療者必須強調團體具有安全與支
持的特質，來減低這種害怕。另一個常有的擔心是害怕所
謂的心理傳染（mental contagion），也就是怕跟其他精神
科的病患接觸會加重自己的病情。這通常是對精神分裂症
與邊緣性人格違常患者的成見，然而有時這現象也可見於
某些病患身上，他們將其自我輕視或敵意的感受投射給別
人。

　　以認知的方式來作團體治療的準備，其目標如下：

1. 提供病患有關團體治療過程的合理解釋。
2. 描述在團體中，病患的何種行為是被期待的？

3.訂立一個出席團體的合約。

4.提高對於團體效果的期待。

5.預示在團體早期的幾次聚會裡，將會遇到的一些問題、喪志與挫敗。（請見表三）

隱藏在治療者所說的每句話背後之目的，乃是要達成團體過程的去神秘化（process of demystification），並建立治療聯盟（therapeutic alliance）。這種廣泛而完整的準備，可讓病患在獲得充分的告知下，決定是否參加治療團體，並可在團體開始之前就能增強他們對團體的承諾。

■二、團體前準備的程序（Procedure of Pregroup Preparation）

所有參與團體治療的病患，不管他們的臨床狀況或功能層次，都必須對其告知團體舉行的時間、地點、組成、程序及各種目標。在某些環境設施下，團體治療的準備時間並不多，例如住院或藥診團體，通常只要花 5 到 10 分鐘而已。這並不代表那是不重要的或可被忽略的。即使準備的時間很短還是能夠讓病患對團體經驗有清楚的定向，並可提供一些指導方針讓病患知道如何善用團體。

表三　準備病患以參與團體心理治療

....

團體前準備的目的
・解釋團體治療的原則
・描述團體中適當行為的規範
・訂立規律地出席團體的合約
・提高對團體助益的期待
・預示團體早期會出現的一些問題並減少其衝擊

團體前準備的程序

・住院病患團體，在每次聚會的頭 5-10 分鐘進行；而門診病患團體則在接案會談中，花 30 至 45 分鐘作準備。

・讓病患對團體舉行的時間、地點、組成與各種目標有清楚的定向。

・以清楚的、具體的、支持性的用語，描述一個典型的團體治療的聚會。

・針對出席與團體中的適當行為建立協定。

・假如是一個持續性的團體，對團體中新近發生的一些事件提出說明（例如書面摘要）。

・指出團體早期常見的一些問題，例如：覺得被排斥；因改變太慢而覺得洩氣；由於不能每次都說話而覺得挫折等。

　　對大部分的門診病患團體而言，準備工作最好利用團體開始前，領導者與病患間有一至兩次的個別會談，共花 30 至 45 分鐘來完成。這些時間大部分是用來接案或篩選成員。當治療者在這一兩次會談當中，已經決定讓適當的病患納入團體時，接下來便可進行病患進入團體的準備。

　　病患本來就有許多原發性的焦慮（primary anxiety），而治療者必須避免又將他們丟到一個模糊的、隱含威脅的情境中去，以致於引發更多的焦慮。所以團體前準備的主要目的是用清楚的、具體的、支持性的用語來描述團體。這樣可以提供病患一個認知結構（cognitive structure），好讓他們從一開始就能更有效地參與團體。假如有書面摘要（written summaries），治療者也可以提供給新進的成員，最近幾次的會議摘要，以便他們熟悉其他成員的名字，並知道目前團體正在進行的一些主題。

第三節　建立團體的文化

　　任何時間只要有一群人聚集在一起，不管是在一個專業的、社交的、甚至家庭的環境設施下，都會發展出一種文化，那是一套約定成俗、不成文的規則或規範，用來決定團體中可被接受的行為。在團體治療當中，治療者必須創造一種團體文化，讓有活力的、誠實的、有效的互動得以發生。一個治療團體是無法靠自己發展出治療文化的，治療者必須花費極大的心力在這個工作上。

■一、規範是如何被塑造出來？（How Are Norms Shaped？）

　　在團體早期建立的規範具有相當的持久性，那是經由團體初創時成員們的期待，與團體早期治療者的行為所共同塑造而成的。治療者要積極地影響規範訂定（norm-setting）的過程，這可分為兩方面：外顯的（明確的，explicitly，經由規則的頒訂[rule prescription]和行為的強化），與內隱的（隱微的，implicitly，經由示範[model-setting]）。

　　最初，團體領導者在（團體開始前）準備病患以便參加團體治療的期間，或在團體的早期都會明確地頒訂（explicitly prescribes）一些特定規則來規範團體中適當的行為；例如，在飲食疾患團體中，要與別人分享對身體形象的關切。當團體開始之後，領導者會以更巧妙的方式去塑造規範，例如，利用社會增強（social reinforcement）來酬賞所期待的行為；假如一個平常顯得害羞的成員開始參與團體，或是成員們開始彼此自發地給予坦誠的回饋，治療

者對於這個新的行為可透過口頭予以褒獎，或經由非口語的方式，如治療者身體語言的改變、眼神接觸以及臉部表情來獎勵。

治療者也可經由示範（model-setting）隱微地（implicitly shapes）團體中治療性的規範。例如，在一個急性住院病患團體，對於成員們的長處（strengths）與其問題徵結所在，領導者都要示範其無偏見的接納與評價（nonjudgmental acceptance and appreciation）；而在一個精神分裂症病患團體的社交技巧訓練中，領導者則可能選擇示範簡單、直接而具有社會酬賞性質的對話。不管團體的水準與功能如何，有效力的團體領導者總是會為其成員樹立一個模範，展現人際方面的坦誠與自發性。但是治療者本身的坦誠總是要在責任感的基礎（background of responsibility）上才能散發出來；沒有任何目標會比對病患有幫助（being helpful to the patient）更重要了。（可參閱治療者的透明化的章節）。

■二、團體治療程序的一般性規範（General Norms of Group Procedure）

團體領導者必須在團體開始之初，便積極地去塑造團體治療程序（group procedure）的一般性規範。最具有治療性的團體治療程序就是非結構化的、未經預演的（unrehearsed）與自由發展的形式。即使在有特定的腹案或議程的特定化團體，例如一個心肌梗塞的教育團體，治療者也必須協助成員進行自發的與坦誠的互動。有時團體領導者可能需要努力介入處置，以避免發展出非治療性的程序（nontherapeutic procedure），例如，成員像排排坐一樣，一個接一個地輪流發表自己特定的問題或生活危機。遇到

這種情形時，治療者可予以打斷，並詢問這種輪番上陣（taking turns）的程序是如何開始的，或它對團體有什麼影響。治療者也可以指出團體其實還有很多其他的程序可供選擇。

治療者也必須注意團體的各種時間界線（time boundaries），且傳達對於團體時間的珍貴感（the sense of preciousness）（請見表四）。讓團體準時開始、準時結束；讓成員一直待在會議室內直到聚會結束；向團體預告即將到來的休會；以及公開地討論成員的遲到或缺席，這些作爲在團體很早的時期開始，就會影響到治療的過程，而且也有助於凝聚力的形成。

表四　心理治療團體的時間界線的維持

治療者必須：

・保證團體聚會可以規則、如期舉行。
・每次團體聚會都可準時開始與結束。
・要求成員準時到團體，並且待在會議室內直到聚會結束。
・向團體預告即將到來的休會或會期（聚會時程）的改變。
・公開地討論某些遲到與缺席的聚會。
・提供聚會之間的連續性，例如回顧前次的討論、注意成員在一段時間內如何地改變、觀察團體中新的與不同的互動。

■三、具有自我監測能力的團體（The Self-Monitoring Group）

一個具有自我監測能力的團體要學習爲自己的功能（functioning）負起責任，這是在每一個治療團體中都應

被鼓勵的一個規範。任何一個治療者在發現團體成員完全依賴領導者去引導方向時，馬上便可知道這是被動團體（passive group）的徵兆。病患是來團體當觀眾的，等著看領導者演出甚麼戲碼；聚會變得刻板無趣、沈重、需要努力地拉抬。在每一次聚會之後，治療者會因為一肩挑起團體運作當中大大小小的事物而感到疲倦與煩躁。

　　治療者要如何建立一個團體的文化，來鼓勵成員們發展成為一個具有自我監測能力的團體呢？請謹記，在團體剛開始時，只有領導者才知道一個具生產性、勤勉不懈的聚會是甚麼模樣。即使在一個高度結構化、有特定對象的團體中，也仍然有空間可讓病患的自主性與自發性得以發揮。治療者在團體剛開始之初，必須要與成員分享這個觀念，並且慢慢地教育成員們去辨認出一個好的聚會（a good session）：「今天的團體真令人興奮，每個人都分享了很多，我很捨不得團體就要結束。」然後評估的工作便可交由病患們來進行：「今天的團體進行得如何？甚麼是最令人滿意的部分？」，而最後治療者可以教導成員明瞭他們是有能力去影響一個聚會的進行的：「今天團體進行很緩慢，我們可以做些甚麼讓它不一樣呢？」

■四、自我揭露（Self-Disclosure）

　　病患只有盡量地揭露自己才能從團體治療中獲益。早期對病患最有用的指導原則就是必須要作自我揭露（self-disclosure），但是這要依照每個成員的步調，並且要以一種令人感到安全與受到支持的方式進行。治療者要在團體前個別的準備會談中明白地指出這幾個重點，並且在團體文化建立的初期積極地追蹤它們的進展。例如，在某個成員作第一次自我揭露時，治療者要經常地、和緩地去檢

視，看看成員要在何處停止。

病患絕不能因自我揭露而受到處罰。在團體中最具破壞性的事件便是成員在衝突的時候，利用一些在團體中所揭露的私人且敏感的材料，來打擊另一位成員。例如，團體中有一位年輕成員，名叫小畢，很有侵略性，他因為另一位成員素珍在一場爭論當中沒有和他站在同一邊，而對她很生氣，他突然發飆地指責她：「基本上妳是一位感情不忠的人，因為妳曾告訴我們妳現在還捲入一樁婚外情呢。」此時治療者必須要強力介入作處置。不只是他的評論已經違規，而且此舉也撼動了團體幾個重要的規範，它們包括：凝聚力、安全感與信任感。此時團體的任何運作必須暫時擱置，好讓大家瞭解這個事件，並突顯它是一種對團體信任感的侵犯。治療者必須透過各種方法去強化：自我揭露不但重要而且是安全的這個規範。

自我揭露（self-disclosure）必然是一個人際互動的行為，而且這觀念的意涵也必須成為團體治療文化的一部分。重要的並非某個人分享了一個秘密，或卸下了自己的重擔，而是他（她）揭露某件事情，而這事牽涉到他（她）與其他成員的關係。治療者必須隨時準備指出：揭露可以讓當事人與團體中其他的人產生更深刻、更豐富、更複雜的關係。當一位高傲的病患承認說他總覺得自己在身體上與心靈上都不如人，這讓成員們得以更瞭解他，覺得與他更親近與更溫暖，進而使得這位病患能夠一掃在團體中高高在上的姿態。

■五、團體成員是幫助與支持的仲介者（Members as Agents of Help and Support）

當成員瞭解到團體是一個人際資訊與支持的豐富寶庫

時，團體的凝聚力就增加了。當每個成員都被他人視為是一個幫助與支持的潛在仲介者（媒介）之時，團體的功效才能發揮到極致，治療者必須不斷地去強化這個觀念。有時，團體領導者可能必須放棄討人喜歡的角色，不去擔任智慧與知識的泉源，也不去做團體爭議的最終判決者！

舉例來說，假設有一個成員對於自己愛說些冗長而枝節橫生的故事，表示很好奇。治療者的反應並不是給他一個專家的回答，而是告訴這個病患：對於他的行為，他想知道的任何資訊都會出現在這個團體當中，而且正需要有人把它們正確詳實地截錄下來呢。另外，一個女性成員在團體中態度十分跋扈並具有威脅性，假如她已經接收到相關的回饋時，團體領導者可以繼續發問：「麗莎妳可不可以回顧一下過去的 45 分鐘？哪一個評論對妳最有幫助？哪一個最沒有幫助？」

成員們若都能彼此感謝別人所提供的珍貴幫助時，團體的功能便能發揮到最大。為了強化這個規範，治療者便要讓團體去注意一些事件，這些事件展現了成員們在危機或困頓中相互幫忙或扶持的情形。治療者也要明白地教導成員一些彼此能更有效地互相幫忙的方法。例如，在一次聚會當中，當一個病患與團體針對某個議題，已經努力蠻長的一段時間後，治療者指出：「文生，我想安妮與富男對你的憂鬱症提出了一些真的很有幫助的洞見（insight）。尤其是當他們的評論能夠很特定地針對某些問題，並可提供你一些替代方案時，你似乎覺得它們最為受用。」

■六、聚會之間的連續性（Continuity between Meetings）

理想的治療文化就是病患十分重視他們的治療團體。

聚會之間的連續性乃是達成這個目標一種方法。如果在一個團體中，每次聚會都是一個持續的、且是不斷成長的過程中的一部分，而不是一些零散不相干的、靜態的片斷事件（static punched-out events），那麼這些聚會就會變得更有份量、更具價值。這種強而有力的連續性只可能出現於高功能的門診病患團體，或某些富涵情緒的特定化的支持團體（例如喪慟團體）。但無論如何，不管團體的環境設施或臨床局限爲何，治療者對於聚會之間的連續性，不論其內容如何，都必須以各種方式來加以強化。

開始時，治療者可以將自己在各次聚會之間，對團體的想法拿出來與成員們分享，來強調（團體聚會的）連續性。團體領導者也可以趁著成員們在見證團體治療對他們在團體外的日常生活之功效時，或是當他們提到在這一週當中曾經想到過其他成員時，來強化成員們的連續感。

第二步是去強調在聚會與聚會之間，團體所關切的各項事務、團體中的種種議題以及各種互動的連續性。一個運作良好的團體，將連續地在幾次的會議當中解決各種議題，但是某些團體則需要鼓勵，才能促使成員對穿梭於多次聚會間的一些主題進行深思（也包括那些有助於建構每個團體成員的社會縮影[social microcosm]的主題）。

沒有人比治療者更像是團體的「時間裝訂工」（time binder），要串連不同的事件，要把各種經驗契入（fitting experiences into）團體的時間網絡之中（temporal matrix）。例如：「這主題聽起來好像小強在兩週前曾經賣力處理過的事。」或「愛倫！我注意到自從妳與招弟在三週前大吵一架之後，妳顯得更憂鬱、更畏縮。妳現在對招弟的感受如何？」假如團體領導者已經展開了一個團體的會議，他所該做的事就是提供會議與會議間的連續性。例

如：「上一次聚會氣氛很緊張！我想知道你們帶回去的是
何種感受？」（例外的情況可見於住院病患團體，團體領
導者只是例行地展開會議，見第七章。）

參考資料

1. Yalom ID: A study of group therapy dropouts. Arch Gen Psychiatry 1966; 14:393-414
2. Connelly JL, Piper WE, DeCarufel FL: Premature termination in group psychotherapy: pretreatment and early treatment predictors. Int J Group Psychother 1986; 36:145-152
3. Whitaker DS, Lieberman MAL: Psychotherapy Through the Group Process. New York, Atherton Press, 1964
4. Yalom ID, Vinogradov S: Bereavement groups: techniques and themes. Int J Group Psychother 1988; 38:419–457
5. Piper W, Debbane E, Bienvenu J, et al: Preparation of patients: a study of group pretraining for group psychotherapy. Int J Group Psychother 1982; 32:309-325
6. Yalom ID: The Theory and Practice of Group Psychotherapy, 3rd ed. New York, Basic Books, 1985

解決團體心理治療中常見的問題

第五章

一旦一個團體已經形成且達到穩定狀態時，治療的工作就開始了。主要的治療因子，包括凝聚力、利他性、情緒的渲洩、人際學習也開始運作，而其力量和效果也隨著團體的進行與日俱增。但是隨之而來的是各式各樣複雜的團體過程。所以，要提供團體治療者一些特定的指導綱領，來應付在一系列團體聚會中所會遇到的廣泛情境與議題是不太可能的！在此特別提出，在各種團體中常發生且為大家所共同關切的某些問題，它們包括：成員的問題、次團體的形成、衝突、問題成員的處理。

第一節　成員問題

成員（membership）問題深深地影響著一個治療性團體早期發展的途徑與治療效力。例如成員的更換、遲到、缺席等，雖然是所有團體都會面對的生活實況，但是很不幸地這些事實會影響到團體的穩定性和完整性。而治療者也常常難以面質這些議題，唯恐自己堅定的態度會威脅到成員或真的將那些對參與團體有矛盾心態的成員趕走。但是治療者若對成員問題視而不見，那麼團體的凝聚力必然

大受影響。

■一、缺席（Absenteeism）

　　一個尚處起步階段的門診團體，會因為成員缺席的問題，而使團體的注意力與力量從攸關團體早期發展的重要治療作業，轉而投注在維持成員的數目上。這個問題對成員與治療者都是傷神費力且影響士氣的。成員對於團體的價值產生疑問，而治療者則感到團體的生存受到威脅。治療者只能對出席者提出缺席的議題，而那些犯規缺席的人反而無緣受教。更糟的是缺席使得治療的連續性遭到破壞，且很多時間是花在為缺席者摘述上次聚會的事件上。

　　治療者常覺得被迫要去收拾這種場面，且要使勁地維持穩定的成員人數，他（她）可能對於缺席者採取寬容、誘惑的態度。這不但會增強病患的人際病態現象，也會讓其他成員有機會控訴治療者的偏心。

　　假如團體沒有特別禁止的話，也絕不鼓勵遲到或不規律的出席。當這些行為重複出現在團體的早期，團體領導者應立即透過簡單的規定加以矯正，因為成員的規則參與對團體早期的存活是極為重要的。等到團體後期，遲到或不規則出席的議題，可以就團體互動的角度公開地解讀。如果情形仍未獲改善，且缺席的行為持續地干擾著團體時，治療者必須考慮移除這個犯規的成員。

　　在住院病患團體情況就大不相同了。雖然成員的持續更替會明顯地影響團體的凝聚力，但是這種變動不能用成員的阻抗或人際病態現象來解釋。帶領住院團體時，治療者應該採用一些特殊的技巧，來減低成員變動所導致的破壞性影響。假如我們將團體的生命重新定位為只有一次聚會的團體，就可以巧妙地避開缺席所引發的問題。

■二、退出（Drop-Outs）

在一個長期性的門診病患團體的正常療程中，約有百分之十至百分之三十五的成員會在前 12-20 次的聚會中退出團體[1, 2]。各種團體都會有成員退出的問題，這些成員多半是不能或不願意再配合團體的治療作業。在一個開放性的團體，治療者可以藉著招募新成員取代退出者，來維持團體的人數。

退出（dropouts）這個問題之所以會威脅到團體的穩定性，有以下幾個原因：

1. 由於治療者和其他成員試著去留住他們，而耗費了許多時間與精力。

2. 他們會威脅到成員的穩定性，而阻礙團體凝聚力的進展。

3. 他們隱微地（但有時卻很明確地）貶低團體的價值。

成員的退出對於治療者，尤其是一個新手是很大的威脅。治療者可能會不自覺地以哄騙或誘惑的方式來留住成員，這態度遲早會對團體治療造成反效果的（antitherapeutic）。

不論治療者如何努力要留住某個成員，但是該成員若去意已堅，或團體已經被這個可能退出的成員搞得四分五裂時，治療者就應該當機立斷，儘速讓這位成員退出團體。治療者最主要的責任是將團體當作一個整體來看待（group as a whole），所以雖然團體領導者可以將退出者轉介到其他的治療模式，但是他們最重要的任務就是讓留下來的成員覺得團體是一個穩定的、有價值的、可提供支持與治療的來源。為達到上述的目標，治療者可以婉轉地

將「退出」這個議題放在團體的環境脈絡中來檢視，例
如：「小麗覺得我們這個喪慟團體，使她回憶起很多痛苦
的往事，所以……」；並且將事件做個了結，通常也就是
讓退出的成員在離開前的最後一次聚會中，能與其他成員
說再見。

團體前積極的準備工作（pretherapy preparation），可
以減少成員的退出率[3]。如果可以事先預告一般在團體初
期會出現的問題與挫折，那麼它們就較不可能會真的發
生。

■三、移除成員（Removing patients from the group）

若病患的行為會持續地干擾及阻礙團體的進行時，這
對於治療者是個很嚴重的問題。即使治療者已經竭盡全力
了，也無法讓這病患在團體中的治療工作能有效地進行，
那麼他反而將會得到某些負面的結果[4]（請見表一）。

治療者要盡力去改變問題病患的行為，且幫助他
（她）融入成為團體的一份子。當努力失敗之後，治療者
必須盡快地、不失厚道地將這個病患移出團體。最有效的
方式就是作個別的勸退會談（exit interview）。在這會談
當中，治療者應嘗試去鼓勵個案用其他不同的觀點來看待
這個失敗的團體經驗（例如尚未準備好、或對團體適應不
良等），這種終結式的會談（final interview），對於那些
自己決定要退出的病患也會有幫助的。

當治療者移除某個成員之後（而不是自動退出），其
他成員會產生強烈的反應。一開始雖然大家鬆了一口氣，
但是隨之而來的是對於被拋棄、被排斥的強烈焦慮。此時
治療者要幫助成員們對於這事件作較符合事實、具有建設
性的解讀：如果不移除這個病患，則成員或團體的最大利

益就會蕩然無存了；而離開的病患或許可以從其他形式的
治療中得到更好的幫助。治療者對被移除的成員負責到
底，也就是建議其他形式的心理治療，或轉介給其他的治
療者，將可緩和團體的焦慮。

表一　具有破壞性的病患在心理治療團體中的影響與結果

對團體的影響：
・威脅到團體的凝聚力
・打擊其他成員的士氣
・增加焦慮而且會抑制參與意願
・破壞團體正常的成熟過程
具有破壞性的病患之結果：
・增加病患的人際孤立感
・使病患陷入行為偏差的角色
・減少病患參與治療的動機
・延長病患的人際病理

　　移除病患的情況並不常見而且是很困難的。但是當具
有破壞性的成員已經明顯地妨礙團體的治療工作時，將此
成員移除是個極為重要的治療步驟。若要減少這種情況就
要慎選成員。

■四、增加新成員（Adding New Members）

　　當門診病患團體的成員數少於五人（包括五人）時，
治療者要考慮引進新成員。在團體療程中的任何時間都可
以增加成員，但是長期性門診病患團體通常會有一定的時
刻來增加新成員。第一次大約在團體起初的 12-20 次聚會
之間，要補充早期退出的成員（drop-outs），第二次大約

在 12-18 個月之後，此時則是要遞補因改善而畢業的成員之空缺。

(一)掌握加入新成員的時機（*Timing the addition of a new member*）

引進新成員是否成功，大多取決於時機是否適當。在某些時候，團體成員常會不歡迎或不容易吸收新成員，例如：當團體陷入危機時、或成員正在交互纏鬥競爭時、或團體進入一個凝聚力更強的新階段時，例如：團體首次在處理大家對某個喜歡控制而又自私的病患的憤怒時；另一個例子，是當團體的凝聚力與信任感剛發展到一定的程度時，使得一位成員首度敢於說出自己一個極大的秘密，那是有關於童年亂倫的事情。

如果一個團體運作良好，雖然成員只剩下四、五個人，有些治療者會延後加入新成員的時機。但是一般而言，只有四、五個成員的團體實在缺乏有效互動所需的臨界規模（critical mass），終將使得團體停滯不前。所以明智之舉是不要延緩尋找新人的動作，應該迅速篩選有希望加入的人選。

加入新成員最好的時機就是當團體感到需要加入新的刺激之時。通常有經驗的成員會鼓勵治療者積極補充新血。新成員可以成為新的人際刺激，也讓團體在變得重複無聊時注入新的生命力。

(二)協助新成員作好準備（*Preparing new members*）

新成員進入一個持續進行的團體（ongoing group）時，除了需要團體治療前的標準預備之外，也需要特定的準備，來幫助他們去適應在加入一個現成團體時所帶來的獨特壓力。面對舊成員的老練、坦誠的態度、人際能力以

及勇於任事的作風，會讓新成員嚇一跳。他們也害怕會被感染，因爲他們馬上就要面對那些坦誠表白自己脆弱面的成員，他們那些「較病態」（"sicker"）的部分通常是不會在一個新團體的頭幾次聚會中出現的。治療者必須預先考慮到：新成員在進入一個不尋常的文化時，所會出現的困惑與被排斥的感受，且必須再三保證他們可以依照自己的步調參與團體。

治療者也可以爲新成員介紹過去幾次聚會中的重大事件，特別是在團體曾經發生過強烈的爭吵、或討論過一些敏感的議題。如果治療者有使用書面摘要的習慣，應該在新成員進入團體前，將前幾次聚會的摘要分發給他們。

(三)導入新成員 （Engaging the new patient）

最好在第一、二次的團體中，公開、溫和地導入（engage）新成員。在一個成熟的團體當中，一些有經驗的成員常常可以主動幫忙做這些事，但是有時這個擔子仍會落在團體領導者身上。通常詢問一下新成員參加團體的感受也就足夠了，例如：「小馬這是你第一次參加團體嗎？你覺得這個團體如何？進入團體看起來是不是很困難？」

治療者應該幫助新成員負起調節其參與程度的責任，例如：「筱雪，妳剛才被人問了好幾個問題，妳覺得如何？喜歡嗎？會不會覺得壓力很大？」或「小鮑我發覺今天你很沈默，今天團體正忙著處理你尚未進來之前所留下來的一些事情。你的感受如何？輕鬆嗎？還是你已經能夠接受那些衝著你而來的問題了？」

(四)其他治療上的考量 （Other therapeutic considerations）

引進團體的新成員的數目會明顯地影響團體吸收（absorption）的步調，一個六、七名成員的團體吸收一位新成

員，其影響正如一顆石頭投入一盆水中，激起一些漣漪然後歸於平靜，團體只會短暫停頓，然後繼續進行，很快地便將新進的成員拉入團體互動的軌道當中。

但若在一個四人團體，突然增加了三名新成員，則會出現超載現象。這時所有正在進行的工作都會突然停止，團體會將其精力轉注於吸納這些新成員。當治療者注意到一些字眼像「我們」、「他們」或「老成員」、「新成員」常出現時，須留意它們乃是代表團體分裂的徵兆（signs of schism）。只要吸納（incorporation）的工作一日不完成，進一步的治療工作便沒有可能進行。

引進新成員可以明顯地促進舊成員的治療過程，他們可能會對新成員採取各種特殊的反應方式。團體心理治療有一個重要的原則：團體即便是受到十分重大的刺激，其成員的回應還是會有很大的差異（**譯註：猶如大難當前，依然無法同心抗敵**）。這種機會在個別心理治療當中是無法碰到的，而它卻是團體治療的主要力量之一。

案例

大維是一個英俊、傲慢、極為成功的企業家。他加入了一個相當穩定、長期性、高功能的門診病患團體，在前兩次聚會當中，他便在這個原本比較富支持性、小心而且有點隨遇而安的團體中，激起了一陣嶄新而富有刺激性的反應與互動。而捷文在團體中扮演的則是一個年輕、強勢、目空一切的叛逆者，本來他很得意自己強而有力的領導地位，但是自從大維進入團體之後，他卻深深感受到大維的威脅，還不由自主地說出他的幻想，他想要戳破大維的車胎。而兩位女性成員也被大維深深的吸引住，另一位女性成員露西

> 則覺得他跟自己的先生很像，而開始對他採取對抗的
> 態勢。

　　像新成員這樣一個常有的刺激，卻在團體中引發各種不同的反應。說明了每個人的內心世界的不同，與每個人對刺激的內在處置的差異性。而對這些差異性的觀察則爲團體開啓了一個獨特的入口，得以深入每個人的內在世界。

第二節　次團體的形成

　　次團體的形成（subgrouping）（也就是分裂成更小的單位）是團體治療中第二種常見的問題。這在門診病患團體中常會發生，而住院病患團體則幾乎是不可避免的。只要兩個以上的成員相信彼此之間比團體更能提供滿足感，便會形成次團體。這個現象有時很隱微，但是對團體工作卻具有強烈的殺傷力，所以治療者要保持警覺，隨時準備處理這類問題。

■一、次團體形成的過程（The Process of Subgrouping）

　　次團體可能完全在治療室內形成。如果有一群成員覺得他們有著類似的年齡、種族、價值觀或教育程度等等，他們就可能結合成各種小圈圈（coalitions）。被排除在這夥人（clique）之外的其他成員，通常欠缺有效的社交技巧，也很難結合成第二個次團體。「我們是一夥的，你們是外幫人」（ingroup versus outgroup）這種現象在住院病患團體中最容易看得到。

次團體也可以在團體外形成，也就是團體外的社交活動（extragroup socializing）；他們一夥（clique）二、四個人可能開始進行私下的交談，互通電話，一塊喝茶或吃晚餐，彼此分享個別的觀察與互動的經驗。有時候兩個成員可能會發生性關係，而將他們親近的程度視爲秘密，不讓其他成員知道；更諷刺的是團體發生的事件常會成爲他們特別喜歡去討論的主題。

■二、次團體所造成的危險（Dangers of Subgrouping）

無論是否屬於次團體的成員，同樣都會蒙受次團體形成所帶來的各種副作用。次團體內的成員，只對次團體輸誠，保守祕密，不與其他成員分享，而且在團體中不再表達他們的想法與感受。而次團體外的成員可能會有強烈的嫉妒、競爭與自卑的感覺。當一個人感到被排除在外時，常常很難要他們去評論自己受到排擠的感覺。

在男女雙方因性吸引或情愛關係而形成的次團體中，維持羅曼蒂克的一對（dyad）會變得比團體的治療工作更爲重要。已經暗地裡與某個男成員互通款曲的女性成員可能只想吸引男方，而比較不願與其他成員真誠地互動；男方則視團體中其他男性成員爲競爭的對手，進而想擊敗他們；他們倆會盡量隱藏那些會影響他們之間羅曼蒂克或性關係的問題，此時坦誠的自我揭露這項團體治療作業便遭到破壞了。

違反團體規範去形成次團體的成員多半是喜歡立即的滿足感，而非追求真正的人際學習與改變。不管是團體內或外形成的次團體，若沒有在團體中被檢驗，則會形成一種有力的阻抗。它會阻礙治療者施展其能力，嘲弄其他成員的努力，使得在團體過程中作自我揭露、給予坦誠的回

饋、與全心全意的參與都變得有些可笑。

■三、面質次團體（Confronting Subgrouping）

其實次團體的成員可以從某些顯著的行爲符碼（code of behavior）看出來。不論任何議題他們都會站在同一陣線，不會彼此面質；當不是同夥的成員發言時，他們會交換會心的眼神；團體聚會時來去都是一起的。如果是兩情相悅的一對（dyad），他們會彼此調情、誘惑、撩撥，而置他人於不顧。次團體的成員也常會聯合起來，以隱微（有時還有些明目張膽）的方式貶抑其他成員的貢獻，而達到互相支持的目的。

次團體的形成代表一種高風險與高收穫的情境。真正對團體造成嚴重傷害的並非團體外的社交活動，而是次團體成員密而不宣的共謀那才會帶來危險。假如團體主要的治療作業是要深度地檢視所有成員間的互動，那麼團體外的社交行爲就阻礙了這種檢驗。假使一些重要的素材，諸如在團體外交往的成員間的關係，或是未參與其事之成員的受排斥感，團體都避諱不談，團體的治療作業便會蒙受危害。如果這樣的情形出現了，治療者一定要公開地指認（identify），並對此過程加以面質。

在團體前的準備當中，治療者會要求成員將所有團體外發生的行爲在事後一定要帶回到團體內討論，以防止次團體的產生。當次團體真的產生時，也要明白地指出並加以探討。例如：「蕾莉，我注意你和凡克會特別去支持對方，而且嚴重到想要把別人排除於你們的互動之外。」當「促成次團體形成」的各種強而有力的議題可以公開地在團體中被討論與面質時，這對於原先被阻滯的團體會有很大的治療功效的。面質次團體的形成（confronting subgrouping）對於人際互動團體的治療者極為重要，但是在其他型態的團體則不甚要緊。

第三節　處理團體內的衝突

衝突，是團體治療中另一個常見的問題，在團體發展的過程當中是不可避免的。如同次團體的形成一樣，衝突代表團體中一種高風險與高獲利的過程：它不是會妨礙團體工作，就是會促進團體工作。

■一、衝突的澄清（Clarification of Conflict）

團體中的衝突其起初徵兆即是一些細微的負向人際互動，它們包括有：低調的責備、意有所指的玩笑、高傲的評論以及對某個成員的完全忽略。在這種焦點模糊或迂迴的敵意之下，衝突幾乎是無法獲得解決的。與處理次團體的形成一樣，治療者應該彰揚被隱晦之處：「小鮑你今天三番兩次地打斷小莉的談話，我在想你是不是因為對上禮拜團體中幾位女士所給你的回饋大感光火，所以才會這樣的?」

衝突很少會在團體成員間被公開地、憤怒地表達出來。在一個低功能團中，如果有成員公然地表達其憤怒與敵意時，這多半表示衝動控制力的缺乏（情形）以及（或）原始而混亂的情感表達，已經大到讓成員們無法承受的地步了。這類的衝突幾乎是無法有效地駕馭，以作為人際學習之用。

而在一些成熟的、高功能團體中，一個公然的攻擊其表面的理由，往往只是背後那些真正問題的一種旁敲側擊

之計（聲東擊西的表現）。

> 案例
>
> 　　在一個持續進行的科學與工程系女研究生的團體裡，其中一位女性領導者由於在稍早的一次聚會中採取公開面質的態度，而遭到成員們嚴厲的批判，在那次會議中她曾鼓勵一位活潑但是過度自我控制的成員凱琪，對於即將來臨的家庭訪談對她所造成的痛苦感受，和大家作明確的分享。幾個較生氣的成員之一對著團體領導者大叫：「因為你顯然不知道我們在團體中喜歡如何處理事情，所以我們必須學著叫你閉嘴！」

　　對團體而言，這領導者算是個新人，因為她才剛接替了這團體的開創者；原先的女治療者行事風格極為溫和，但因轉任其他職務而離開。由於團體在創始治療者離開時未能認知到其失落感或被棄感，而在被迫接受別人接替時也沒能注意到其委屈感或無力感，所以新的治療者在她與團體的早期互動當中，便一直要面對衝突、過多的憤怒、以及批評。

■二、利用衝突來促進人際學習（Using Conflict to Promote Interpersonal Learning）

　　在團體中要如何確切地掌控衝突以促進人際成長呢？首先，治療者必須要瞭解目前團體處在什麼樣的階段。爆發性的衝突對任何一群人都會產生威脅與不良後果，但是衝突太少時反而會使團體，尤其是高功能團體，變得停滯、過度小心、而無法深入。所以適度的面質、憤怒、以及衝突的化解，可提供團體成員一個富涵情感的（affectively charged）學習經驗。

團體凝聚力（group cohesiveness）是成功處理衝突的首要前提。成員們必須都已能夠相互尊重、信任，而且必須要十分重視團體，使他們可容忍一些讓人不舒服的互動。成員們必需瞭解到：團體的生存要靠彼此之間開放的溝通，不論大家有多生氣，彼此仍要繼續作直接的交往。團體必須建立一些規範，明白地宣示大家聚在一起是為了相互瞭解，而不是爭強鬥勝或相互嘲諷而已。此外，每個人都要被很認真地看待；如果一個團體開始將某個成員當作一個可有可無、可任其自生自滅的人（mascot），他的意見或氣憤都被忽略了，那麼要有效地治療那個病患的希望則是相當渺茫了。

■三、從一個治療的層面來處理衝突（Managing Conflict at a Therapeutic Level）

並非所有的團體都能忍受相同程度的衝突。若是在長期門診病患團體中，兩位成員間發生了公開的衝突性對質，那對一個精神分裂症的藥診團體而言，將是極具破壞性的。柔性的、謹慎的意見相左，可能適合短期性的恐慌症病患團體；但是在一個長期性門診病患團體中，這樣子可能表示大家想避免去談真實的感受。

即使同一個團體在不同的發展階段，可能就無法承受相同層次的衝突。一個標準的（原型的）團體（prototypic group）在早期需要致力於發展凝聚力、信任感與支持。在中期，團體開始會對不同的意見與對質作建設性的探索。到了很晚期，當成員們在準備要結束團體時，他們又會想再度將焦點放在團體經驗中正向的、親密的層面，而非分裂的部分。治療者應該在團體的早期就幫助成員們溫和地

表達不同意見，以免憤怒到後來累積至爆炸性的程度。

　　不論團體的環境設施如何，衝突常常會一發不可收拾，因此團體領導者必須要積極地介入，好讓它維持在一個建設性的範圍之內。最常見的方法包括幫助病患們直接地、適當地表達憤怒，也保證每個成員可以輪流對此憤怒作回應。治療者的目標就是負責讓每一位成員能從憤怒的互動（angry interaction）當中學到東西。

案例

　　莎莉是一位資深的職業婦女，而素珠則是一位傳統女性。有一次莎莉憤憤不平地指責素珠佔用團體太多的時間：「我不想聽到妳那些長篇大論，我認為妳只是想利用自己的軟弱來博取我們可憐妳罷了！」素珠則以眼淚與畏縮來回應；治療者如何將這個對質轉變成團體的學習經驗呢？治療者可以從幾個方向來著手，例如問：「為何莎莉對素珠這麼生氣，而其他人卻不會？她在嫉妒素珠嗎（嫉妒素珠的婚姻？或是她的女性特質？）？為何素珠的回應如此消極？她覺得被莎莉說中了嗎？她是否害怕若不能細說從頭，就無可奉告了呢？其他成員對此憤怒的回應是什麼？誰會感到害怕？有誰希望她們拼鬥下去？有誰希望她們談和？例如一位男性成員伯溪，為什麼對素珠和莎莉前躬後鞠，希望她們言歸於好呢？他想誘惑她倆？還是怕他們吵起來？」

　　面對團體中任何富涵情感的經驗，治療者應鼓勵大家作各種反應，給予積極的迴饋，並且要求成員們對於衝突的真正本質與意義，作出共識性認可（consensual validation）。

第四節　問題病患

　　每個病患的問題都是獨特且複雜的，治療者必須謹
慎、深思熟慮、堅持地介入處理。團體中總會出現一些常
見的行為軌跡（behavioral constellations），或如出一轍的
問題病患（stereotyped problem patients），讓治療者與團
體都特別會感到頭痛。雖然大部分處理問題病患的策略，
與門診病患團體較有關係，但是某些基本原則也可以運用
在住院病患團體。一般來說問題成員可以分成下面幾類：

■一、獨佔者（The Monopolist）

　　最令團體治療者討厭的就是獨佔者。他強行在團體中
無止境地談論任何應該講的或不應該講的事，吞噬團體所
有的時間與注意力。獨佔者持續強迫性地仔細描述與他人
談過的話、某些團體外或過去所發生的複雜瑣事，它們與
團體的治療作業只有些許的相關。有的獨佔者以資淺的治
療者或審問者自居而大放厥詞；有的則運用與性有關的材
料來誘惑人；而極端歇斯底里的病患則常述說一連串重大
的生活劇變，似乎想博得團體立即的、急迫的、與長時間
的注意。

(一)團體的反應（Reaction of the group）

　　一開始可能因獨佔者自發地排解團體的冷場與提供某
些活動，所以大家蠻歡迎他的。但很快地，大家就會對這
種病患感到挫折與生氣。起初成員不願意打斷他，是因為

害怕有失禮貌、對他的故事沒有表現出足夠的同情心，或害怕自己要承擔接踵而來的沈默。但是成員的情緒不久就會變成憤怒，因為成員開始覺得快被獨佔者的單向言論所淹沒了。

　　此外，獨佔者隱微地威脅到一些團體基本的程序性規範（procedural norms）。病患們都知道他們在團體中應當盡量多說話，並作自我揭露，但是卻有一個人喋喋不休，而且還必須要想辦法讓他閉上尊口。因此獨佔者是團體（尤其是新的團體）所無法獨力對付的一個難題。

(二)治療性處置（Therapeutic approaches）

　　一般情形之下，治療者會讓團體自行去解決其自身的問題。但是遇到獨佔者時，治療者一定要親自介入積極地處置：首先要防止這種人變成團體中的拒絕往來戶；另外要讓團體知道為何一個說得太多的人必須要閉嘴。

　　雙管齊下的處理最為有效。首先治療者要考慮到是團體允許它自己「被獨佔」（monopolized）的，然後他（她）可詢問團體為何會讓一個成員去負擔整個團體的運作呢？這個詢問會讓成員驚覺到自己已經因為消極而成為獨佔者的犧牲品（passive victims），治療者可能也想點出：也就是他們自己的沈默，才讓獨佔者可以包辦所有的自我揭露，或者讓他扮演團體憤怒的避雷針，因而讓其他成員免除了對團體治療工作所應負的責任。一旦成員們開始公開地討論為何對獨佔者不作反應的各種原因時，他們便已經重新投入團體的治療作業了。

　　接下來，治療者必須直接對獨佔者下功夫。治療者首先故作迷惑地對獨佔者說：「我希望多聽聽你講話，請你不要吝惜你口舌。」雖然每個治療者會依個人風格而有不同的介入方式，但給予獨佔者們的訊息最起碼必須是：他

們透過強迫性講話將團體緊抓在側，而不讓其他成員與他們作有意義的交往。他們利用語言的迷霧來掩蓋其真正的自我。

　　一般而言，獨佔者行爲的深層原因不到治療的晚期是不容易被充分瞭解的。當這種具有破壞性的行爲在團體出現時，詮釋其原因對實際的處置並沒什麼幫助。其實（將團體工作）專注在病患所作的自我的表現以及其他成員對獨佔行爲的回應上，處置反而會更爲有效。

■二、沈默的病患（The Silent Patient）

　　與獨佔者相反的是沈默者，這類成員雖較不具有明顯的破壞性，但是對治療者的挑戰則是相同的。團體日復一日地進行著，然而不管團體的互動是狂風暴雨或幽默逗趣，沈默的成員總是設法在團體過程中保持安靜、畏縮與不投入的態度。

㈠沈默的原因（*Causes of silence*）

　　病患會保持沈默可能有很多原因。某些人經歷過自我揭露（self-disclosure）所帶來的羞恥與無所不在的恐懼，使得他們害怕只要說話便可能會讓他們要作更多的自我表露（self-revelation）。還有些成員，可能是潛意識地或有意識地，會擔心自己表現得太積極，所以無法在團體中的言談之間表現出應有的自我肯定（self-assertion）。

　　某些病患，尤其是具有自戀方面問題的人，因爲對自己要求完美，所以不輕易在團體中發言，以防自暴其短。而有的成員則是藐視團體，因此採取一種高傲優越的沈默態勢，以便與團體保持一段距離，或設法獲得一種支配與掌控感。

某些病患因害怕團體中某個特定的成員，或特別是受其威脅時，會習慣性地在該成員缺席時才講話。而某些成員則因害怕所展現的需求會讓人覺得索求無度，以致盡量保持沈默以免他們會心煩意亂、哭泣或變得脆弱。還有些人是為了要懲罰別人，或強迫團體或治療者注意他們，而隔一陣子就會鬧些彆扭、生氣不說話。

(二)治療性處置（Therapeutic approaches）

處理是否得宜大多要靠那些引起沈默的個人原因。這些原因一部分可以從團體前的個別會談、以及從病患在團體中的非口語線索中去收集，也可從他（她）在團體中極為少數的口語表達中去瞭解。團體治療者要試著走中庸之道，一方面讓每個病患可以調整自己參與的程度，另一方面又定期地邀請沈默的病患能融入團體。

一種有效的邀請方法就是由治療者評論（沈默病患的）非口語行為。也就是當病患對團體的議事過程表現出興趣、緊張、憂傷、無聊或覺得好玩，而出現一些姿態、舉止、或臉部表情時，治療者可以鼓勵其他成員反映他們對此的感受給當事人，以便促進沈默的成員的參與；接著就是請沈默的成員來證實大家的觀察。

即使（治療者）需要運用反覆的敦促、哄勸、或邀請的方式來促進沈默成員的參與時，他（她）還是可以透過對團體過程的反覆檢查去避免病患變成一個被動的參與者。治療者可以問：「你來團體是希望被人催促的嗎？」、「我讓你成為大家目光的焦點時，你有何感受？」、「今天我們可以用那種恰當的問句來幫助你進入團體？」

假如經過三個月的團體之後，病患依然抗拒治療者所有的努力，參與程度依舊很有限，那麼預後就不樂觀了。

雖然沈默的病患能夠經由團體中的代理學習（vicarious learning）而獲益，但是其效果仍然會打折扣。當成員們對沈默者哄勸、鼓勵與挑戰均歸於枉然之後，團體會逐漸地感到受挫與迷惑。因爲團體的沮喪與非難，病患在團體的處境會變得更艱困，於是他（她）會變成一個可有可無、可任其自生自滅的人（mascot）。在這種情況下，他（她）自發地參與團體的可能性就更加渺茫了。在這時候如同時進行個別心理治療，對病患可能會有幫助。若仍舊失敗，治療者必須認真地考慮讓這個成員退出團體。

■三、類分裂型、強迫型或過度理智型的病患（The Schizoid，Obsessional，or Overly Rational Patient）

這一類情緒受到阻斷、孤立，以及人際疏離的病患，他們尋求治療的理由常是一種若有所失的模糊感。他們無法去感受，無法去愛別人，也不會玩樂，無法生氣或哭泣。他們是自己的旁觀者，他們並未棲駐於自己體內，他們無法真正地感受到其親身的經驗。這些病患就被稱爲類分裂型的病患，有時會兼具強迫性人格特質，也就是在他們與別人互動和回應當中總顯得過份地理智。

在一個治療團體當中，這種病患可以驗證自己在情緒經驗的強度與特質上，與其他成員有顯著的不同。起初，他（她）會對自己與別人的差異感到迷惑，並且可能會歸因於別的成員太情緒化，太善變，有點假假的，或者說穿了就是他們的氣質與他（她）不同。然而到最後，類分裂型的病患則開始質疑自己，他們逐漸懷疑自己內在是否真有一個巨大的儲存槽，裝著許多未被開發與未曾表達的感受。（譯註：自覺空空如也）

(一)團體的反應 (*Reaction of the group*)

類分裂型的病患多多少少在口語或非口語上都顯現出對別人的情緒孤立（emotional isolation）。成員們會敏銳地發覺這種病患始終是理性的，並缺乏情感的投入。其他成員的回應（response）從好奇、迷惑到不相信、擔心、惱怒、進而變爲挫折。他們常會反覆地問這類病患：「但是你對……的感覺如何？」，通常成員們很快就會發覺他們似乎在是跟一位外國人交談。（譯註：雞同鴨講）

最後團體成員開始告訴這種病患，他（她）應該感覺到甚麼，以及他（她）應該表達出甚麼樣的情緒。到這個地步，會議就變得十分乏味、完全可以預測，也就是成員們輪流地嘗試想替這種病患點燃情緒的火花，而他（她）卻依然顯得十分理性而疏離。跟這種病患互動會愈來愈令人洩氣。有時成員會將他（她）供在那兒（mascot）當作一個「冰箱」或「史波克博士」（Dr.Spock）*，他（她）變成團體的一個餘興節目，而這些舉動只有使他（她）與其他成員漸行漸遠。

(二)治療性處理 (*Therapeutic approaches*)

有研究顯示在團體中情緒的突破（emotional breakthroughs）對於這類病患的行爲改變不太有效[2]，治療者也必須避免加入團體成員催促情緒的行列（crusade），反而要運用一些漸進式的激勵技巧，它們雖然並無戲劇性的效果，但長遠來看這對類分裂型的病患較爲有用。

首先，治療者可鼓勵這類病患看看其他成員之間有何不同？儘管他所有的主張都與事實相違的，但是他對團體

---

*譯註：史波克博士是電影星艦迷航（Star Trek）當中一位只有理性沒有情緒的組員。

中每個人的感受都不盡相同。治療者可以對這種病患說：
「小張我注意到你似乎很仔細地在聽麗娜的談話。你覺得
麗娜與瓊珍的觀點有哪些不一樣嗎？在這次聚會中哪個人
對團體最有幫助？團體中你覺得跟誰最親近？」另外，治
療者也可以讓他去區別大家對治療者與協同治療者的反應
之差異。

其次，團體領導者可幫助類分裂型病患。在對待那些
他們認爲是不重要、不合理而置之不顧的感受時，要試著
保留它們，並親炙其味（stay with and move into）。當病
患承認自己「感覺有一點惱怒不安」時，治療者可以建議
他停留在這個感覺當中一會兒，告訴病患：「請拿起放大
鏡瞧瞧你的惱怒不安，只要原原本本地跟我們描述它的樣
子就好了，並沒有人說只有重大的感受才需要提出來討
論。」再來就是試著切斷病患慣常使用的逃避行爲。可以
告訴病患：「你可能已經避開了一些重要的事情。當你跟
小莉說話時，我看到你幾乎要哭了。好像你內心有某些東
西正在翻騰著。」

另一個極爲有效的技巧就是鼓勵這種病患觀察自己的
身體與身體的感覺。通常類分裂型、強迫型、或過度理智
與過度自制的病患，雖無法體會或描述情感（affect），但
卻可以覺察到情感所帶來的自主神經及身體的感受，例如
胃部緊繃、流汗、手心冰冷、臉紅等。有時候注意一下身
體姿勢的改變，例如自己雙手交叉，或身體前後傾，都可
作爲情緒反應有用的指標。團體可一步一步地幫助這類病
患找出這些身體感受背後的心理意義。例如：「小畢，每
次莎莎希望你說話時，你總是把手交叉在胸前。你可以讓
這雙『交疊的手』說說話嗎？」

在團體中，這類病患冒的險最大，相對地收穫也最

多。假如他們能努力堅持下去，能繼續留在團體中，且不因為自己的人際關係無法快速改變而氣餒，那麼他們便很有機會從團體治療中獲得豐富的收穫。

■**四、拒絕幫助的抱怨者**（The Help-Rejecting Complainer）

　　拒絕幫助的抱怨者，在團體中總是經由抱怨或拋出問題，明顯地或隱微地祈求別人幫助，然而一旦有人伸出援手他就加以拒絕或破壞，所以也被稱為「是-但是」病患（"yes - but" patient）。這種病患不斷地將一堆身體或環境的問題帶到團體中，常見的例子如：複雜的家庭或工作問題，對健康的擔心等。這些問題都被他描述成無法克服的樣子。其實拒絕幫助的抱怨者會因為他們的問題是無法克服的，而獲得一定程度的驕傲與滿足。

　　儘管成員們英勇而專注地提出許多方案，試圖解決這位病患的困境，但往往是被拒絕的。拒絕有很多不同而隱微的形式：有時是一種矛盾的「是--但是」式的回應；有時他口頭上會接受別人的建議，但是卻未付諸實行；或者他照做了，但是卻無法改善其困境，他會向團體回報失敗的結果，卻難掩其內心的滿足感。

(一)*團體的反應*（*Reaction of the group*）

　　這種行為對團體的影響是很明顯的，其他成員們從一開始的熱心，很快地變成乏味與激躁不安，最後大家都覺得挫折與莫名其妙。拒絕幫助的抱怨者正如貪婪的黑洞一般，吸盡成員們的建議和精力。更糟糕的是這種病患的要求是永無止境的。當團體成員感到無能為力，更進一步，當他們自己的需求也無法獲得團體的認知而感到失望時，

他們對團體過程的信心便開始動搖。於是團體成員開始缺席，或形成次團體來排斥這類病患，團體的凝聚力因而受到侵蝕。

　　拒絕幫助的抱怨者的行為模式通常是起因於依賴與需求滿足（dependency and need gratification）之間的強烈矛盾感。一方面病患覺得無助、不重要、並且要完全倚賴他人（特別是治療者）以獲得個人的價值感；因此任何來自於治療者的注意，都可以暫時提高他的自尊（self-esteem）；相對地，若接收到治療者的拒絕或出現被忽略的感覺時，病患便會如快速洩氣的氣球一般，直墜而下。另一方面由於對權威者廣泛的不信任和憎恨，以及對其他成員的嫉妒與競爭，則又使得拒絕幫助的抱怨者其依賴的態勢令人感到疑惑。

(二)治療性處理（Therapeutic approaches）

　　嚴重的拒絕幫助的抱怨者在臨床上頗具挑戰性，很多這種病患藉著治療上的失敗，來戰勝治療者或團體，但終究是得不償失的（a Pyrrhic victory）。這些病患祈求忠告，並非為了它潛在的助益，而是為了能一腳踢開（藐視）它；因此，治療者若將病患要求的（asked for）幫助與真正需要的（required）幫助搞混了，那就太糗了！此外，治療者若因此而表達其挫折與惱怒也是錯誤的，因為報復只會造成惡性循環，而使得拒絕幫助的抱怨者的自尊心更加受到貶抑。

　　治療者一開始便要鼓勵這類病患運用普同性、認同（identification）和情緒的宣洩等重要的治療因子來幫助他們。而利他的角色或是能夠幫助他人，對他們而言也是一種新的體驗。當拒絕幫助的抱怨者開始重視團體其他成員，在意他們對其他成員的人際衝擊時，就可以開始幫助

他們辨認自己特有的人際交往模式，及其對別人的影響。鼓勵他們用新的溝通模式跟團體表達自己的需求，以新的方式先找人談話或與人交談（talk to or with），而不只是單方面的跟人抱怨、說個不停（talking at）。而團體成員則可以提供回饋，表示何種溝通可以讓他們覺得與抱怨者更接近，而何種溝通會使他們距離拉遠。

　　愛力克・伯恩（Eric Berne）認為拒絕幫助的抱怨者這種行為模式，是社交場合或心理治療團體中最常見的心理遊戲。他首先使用「你何不--『是的，但是』一番」（"Why don't you - yes, but"）這個技巧[5]，這種描述性的標籤（descriptive labels）若以一種好玩、溫柔關愛的語調說出來，將有助於讓整個過程更透明，並讓成員更容易掌握。當他們可以辨認出「是的-但是」的過程時，成員便可以隨時給予當事者回饋。

■五、邊緣性人格患者（The Borderline Patient）

　　團體心理治療者近來對邊緣性人格患者很有興趣，原因有二：第一、因為單獨一次的篩選會談並不容易診斷出這種病患，很多治療者不經意地就把這種病患引進了成員自我整合功能較高的團體。當他們進入團體之後，會帶給團體莫大的挑戰：他們原始的情感（primitive affects）與高度扭曲的知覺傾向（distorted perceptual tendencies），會對團體的療程產生極大的影響。第二、很多心理治療者認為團體治療是邊緣性人格患者的治療首選，假如能與個別心理治療聯合進行（conjunction）、緊密地合作就更好。研究資料顯示邊緣性病患對於團體治療的評價常高於個別心理治療[2]。

(一)團體治療對於邊緣性人格患者的好處 (*Advantages of treating bordcrlines in group therapy*)

以團體心理治療來治療邊緣性人格患者，其最大的好處就是經由其他團體成員源源不絕的觀察與迴饋，提供了強而有力的現實感。因此在個別心理治療當中，病患因為壓力而導致退化的情形，在團體中變得很少。這類病患容易扭曲（現實），行動化（act out），甚至表現出原始、混亂的需求與害怕；但是團體治療對現實所作的持續性而多樣化的提醒，則可以大大減少這些情況。

邊緣性人格患者有產生強烈而極具傷害力的移情性扭曲、或移情性精神病（trans ference psychosis）的潛在危險，這些現象在團體治療的情境中便會減低。首先，其他成員可以矯正邊緣性人格患者對治療者的扭曲觀點；但有時治療者必須積極地誘導這個過程，他（她）需要特定地徵求其他成員的意見，來認可邊緣性人格患者的觀點，或在大多數的情況之下，是去認證其謬誤。

其次，移情的機會在團體的環境設施當中會被稀釋。病患在團體中會對好幾位成員，發展出一些較不強烈但是多樣化的感受。假如移情作用過熱了，病患也可以暫時休息、退縮或疏離團體一陣子，而這種作法在個別治療當中是不太可能的。

因此邊緣性人格患者可以由認同治療者的過程中獲益，而不致於模糊了自己與治療者的界線，或陷入移情性精神病的險境。團體提供病患一個機會能與治療者保持一個較大的距離，而且病患可從那個有利的位置上來觀察，並內化治療者的一些行為面向。例如，邊緣性人格患者可以留意治療者在團體中如何傾聽與支持成員，然後便可將同樣的行為融入他與團體中其他成員、或團體外其他人士

的關係裡去。

(二)治療性處理（Therapeutic approaches）

在邊緣性病患的個別心理治療當中，可明顯地看到治療聯盟通常是比較浮動而不穩定的，病患常常不能或不願意運用個別心理治療來進行個人的改變，反而常會要求從治療關係中獲得原始的滿足或報復。

相形之下，邊緣性人格患者在團體中。則很容易清楚地觀察到心理治療運作的倫理，而且看到其他成員在團體中都能夠有所作為、看到別人都可以去追求一些實質的目標、展現出改變、並且因為新的行為而獲得他人的正向迴饋，這些對他（她）而言是一股很重要的修正力量。心理治療者必須不斷地去引導病患注意上述現象，特別是對那些需求和依賴性很強的病患，或是那些一心一意只想到如何吸取周遭他人支援的病患。

雖然邊緣性人格病患在團體中被其他成員面質時，有可能會覺得受到傷害，其實這背後的意義是：其他成員重視他們，且尊重他們的能力，認為他們可以為自己的行動負責任、有能力改變自己的行為。治療者應該持續地鼓勵團體採取這樣的態度去面對邊緣性人格病患。假如團體只在乎邊緣性患者容易感到被傷或被拒的情形，或開始害怕他們原始的憤怒，那麼團體心理治療註定會失敗。因為在這情況下，團體將無法再對這病患提供真誠的回饋，而他（她）也將會變成一個有害的、偏差的角色。

邊緣性人格患者的核心問題是出在親密能力（inti-macy）和自我整合（self-integration）兩方面，而凝聚力（cohesivehess）這個治療因子在這方面則具有關鍵性的重要地位。如果病患能夠接受成員們的回饋，並且其行為的干擾程度尚不致於讓他（她）成為偏差分子或代罪羔羊，

那麼團體將是一個極具支持性的避風港。因為邊緣性人格患者很容易被日常生活中的各種壓力所擊倒，所以上述資源對他們而言是特別重要的。

當這類病患對團體產生信賴感時，他們將是一股意想不到的穩定力量。我們常可聽到他們提起團體時驕傲地說：「我的團體（怎樣）……」，因為這個團體代表了他們環境中唯一的穩定和支持的力量；也因為有嚴重的分離焦慮，他們常會努力地避免團體解散，他們會成為團體最忠實的出席者，並且還會責備遲到、缺席的成員。

當邊緣性人格患者沒有太大的破壞性時，常常是團體的寶貴資產，也因此增強他（她）對團體的歸屬感。團體治療者常可注意到這類病患很容易表現出潛意識的慾求、幻想和恐懼，這倒可讓一個過度自我控制的團體鬆綁而變得較自在些。邊緣性人格患者與團體過程的結合提供了許多無價的材料，並可促進治療工作，特別是當成員較為羞怯、想法較狹隘、或較壓抑時幫助更大。

(三)最後的警告（*Final caveats*）

邊緣性人格患者極易於扭曲各種人際互動，並且對他人的拒絕，不管是真實地或想像的，都很難承受，所以幾乎都要加上聯合性或合併性（conjoint or combined）個別心理治療才行。如果團體領導者與個別治療者能保持密切的溝通，而且個別治療是以人際瞭解為取向時，合併治療便可很成功。一般而言，在心理治療團體中，邊緣性病患治療失敗的主要原因就是沒有加上輔助性的個別心理治療[6]。

雖然近年來醫學界對診斷精確化做了不少努力，但「邊緣性」（borderline）這個字眼仍無法逼真的顯示出這類病患的特殊行為模式。所以是否讓一個邊緣性人格病患

加入團體，不應只憑空泛的診斷本身，而更要根據其人格與臨床特徵作定奪。治療者不僅要考慮到病患是否能承受團體心理治療中人際互動的強度，更要考慮團體是否能容忍這個病患的各種人際要求以及退化的傾向。

　　治療邊緣性病患往往都要花費很多的時間與力氣。因此大部分的異質性團體最多只能容許一至二名這類的病患。誇大、傲慢、採取強烈敵對態度、或極為自戀的病患，在團體中是前途無亮的。若要進入團體，病患至少要可以接受一些批評或承受一些挫折，而不應沈迷於情緒敲詐（emotional blackmail），或過多的行動化（acting out），如果能謹記這些警告，那麼這類病患在團體心理治療當中多半是可以治療成功的。

■六、急性精神病患者（The Acutely Psychotic Patient）

　　在治療過程中，當一個成員陷入急性精神病狀態時，這對團體是一個莫大的挑戰。這個病患會被如何處理，而其他成員會如何回應，治療者有哪些有效的處理選擇，全都取決於當病患精神病發作當時這個團體的所處的階段，和這個病患在團體中所扮演的角色。在一個歷史較悠久、較具規模且成熟的團體之中，尤其當該成員在團體中位居要角時，團體成員大多會用支持性、有效的方式去處理這個危機。

㈠讓團體置身事中（Involving the group）

　　當團體中有一位病患出現急性精神病狀態時，很多精神科醫師會自然而然地回復到他們原先的醫學模式裡去，採取一對一的方式強力介入處置，這時團體也就象徵性地被解散。實際上，醫師會對團體說：「這種情況對你們而

言太棘手了！」這樣的處理方式有時對治療是有反效果的（antitherapeutic）：不但這位病患會因為治療者態度與角色的改變而受到更大驚嚇，而團體的治療力量也會隨之降低。

一個成熟、凝聚力好的團體應該都可以妥善地處理成員急性精神病發作這種精神科急症。雖然開始時團體會做些錯誤的處理，但終究還是會考慮所有可能發生的情況，並採取治療者曾經深思過的那些行動。有時團體會選擇適當的介入處置，例如，安撫急性發作的病患，幫他尋找住院的管道；而有時成員則會同意：治療者必須承擔領導者的角色，並採取果斷的行動。

實際參與計畫一系列行動的團體成員，往往會對這個計劃的實行和追蹤較投入。如果他們認知到照顧這名病患不只是團體治療者一個人的事，而他們也須負起責任時，他們將會更全心全意地投入急性發病成員的整體照顧，更重要的則是有關這個成員重回團體的事宜。

(二)治療性的考慮（*Therapeutic considerations*）

目睹一個成員急性精神病發作的經驗，會讓某些成員（甚至是所有的成員）產生內心的動盪。某些人可能會罪惡感與害怕交雜，一方面覺得是自己害那個成員發作，一方面也擔心自己可能會失去控制、像發作的成員般墜入五里深淵。有些成員則會生氣急性發作的病患擾亂了團體的進度，也改變了團體正常的進行方式與大家原本的期待。他們也會擔心這個病患如此脆弱，是不是還合適再回到團體當中。

但是有成員精神病發作對團體也有某些始料未及的好處，例如成員們在分享強烈的情緒經驗，以及成功地掌控它們之後，可以讓團體的凝聚力增加。不過一般而言，團

體為此可是要付出相當大的代價，當精神病成員耗去團體大量的精力，而且已經折騰相當時日（以實際情形而說，起碼超過一次以上的聚會）之時，情形特別明顯。有的成員會因而中途退出，而團體在處置這種干擾的病患時，態度就會更趨於謹慎、隱晦，或試圖乾脆不去理會其精神病症狀，但這樣卻讓原有的問題更加惡化。

對一個心理治療團體而言，最糟糕的惡夢之一便是團體裡來了一個躁症或輕躁症的病患。他們的誇大、易怒、和莽撞亂竄的精力，造成其他成員極大的壓力；他們將團體的時間與力量都消耗怠盡了，卻無法從團體獲得什麼好處。

他們也常沈溺在混亂或極富操縱性的人際互動上，並且樂此不疲。他們會說：「我不知道為什麼治療者總是叫我不要那麼多話，或者叫我批評要留口德。你們大夥兒不是來幫助我的嗎？那麼我是不是應該無拘無束地將所有的感受都說出來？」

在此危急時刻，治療者必須儘快地介入處置，如有必要則應給予病患適當的藥物。這段期間治療者可能需要與干擾的病患作幾次個別的會談。除非病患真的太干擾必須立刻退出團體，不然，則應讓團體一起深入探討這危機所展現的種種意涵，並共同作出決定。

參考資料

1. Yalom ID: A study of group therapy dropouts. Arch Gen Psychiatry 1966; 14:393-414
2. Yalom ID: The Theory and Practice of Group Psychotherapy, 3rd ed. New York, Basic Books, 1985
3. Connelly JL, Piper WE, DeCarufel FL, et al: Premature termination in group psychotherapy: pretreatment and early treatment predictors. Int J Group Psychother 1986; 36:145-152
4. Dies RR, Teleska PA: Negative outcome in group psychotherapy, in Negative Outcome in Psychotherapy. Edited by Mays DT, Franks CM. New York, Springer Publishing Company, 1985
5. Berne E: Games People Play. New York, Grove Press, 1964
6. Horwitz L: Group psychotherapy for borderline and narcissistic patients. Bull Menninger Clin 1980; 44:181-200

第六章

團體心理治療者的技巧

雖然個別心理治療者和團體心理治療者常會用到一些類似的治療技巧，例如：同理性的傾聽（empathic listening）、非評斷性的接納（nonjudgmental acceptance）、以及詮釋（interpretation）等；但是有一些處理技巧則是團體心理治療特別會用到的，它們包括：「此時此地」的運作、治療者透明化的運用、以及（用以增進團體工作的）各種團體程序輔助技巧的使用。

第一節　「此時此地」的運作

所有的團體，即使沒有正式的領導者（例如，一個沒有被大家選定的領導者的自助團體），也都能夠發展出一個環境（environment），讓大部分的治療因子，從普同性到利他性，得以運作；然而，人際學習這個治療因子，卻只有在訓練有素的心理治療者所帶領的團體中，才能夠彰顯出來。

團體領導者必須要熟練一些有關「此時此地」運作的特定治療技巧，方能促進團體治療中的人際學習。一般而言，「此時此地」運作（working in the here-and-now）的

原則與人際學習（interpersonal learning）的運用，乃是標準的人際互動團體（prototypic interactional groups）中最重要的事情；然而上述這些觀念是可加以修正，以適合其他種類團體的需要，並可成為團體治療者的治療利器中所不可或缺的一部分[1-3]。

■一、「此時此地」的重要性（Importance of the HERE-AND-NOW）

長期性門診病患治療團體的首要目標是要幫助每個成員，盡可能地去瞭解他（她）與其他成員間的各種互動，這當然也包括與治療者的互動，然而這對其他許多種類的團體來說，可能就沒這麼重要。為了達到這個目的，成員們必須學著將焦點放在目前發生在團體中的人際交流（transactions）。

㈠專注於現在（*Focusing on the present*）

專注於現在是團體心理治療者的治療技巧中最基本的原則，也就是要專注於「此時此地」正在團體聚會中所發生的事情。藉著直接專注於「此時此地」，團體領導者便可引導所有的成員積極地參與團體，也可讓團體的力量與效能得以發揮到極致。治療者要向團體強調最重要的交流就是那些呈現在大家眼前，在團體會議室裡所發生的種種事情。

如果一個治療團體不強調個別成員的過往事件，乃至於當前在團體外所發生的事情，而是著重於團體中「此時此地」的種種事情，也就是如果治療團體的焦點並不重視歷史的追溯，那麼這種焦點將會是最有力量的。不強調過去並非意指過去的事情不重要，而只是表示團體最能發揮

所長乃是處置當下所發生的種種互動，而且也只有在當下，每個成員才有機會去經歷與檢視彼此的互動。

(二)情感的喚起與情感的檢視（Affect-evocation and affect-examination）

　　團體經驗如果要有治療上的功效，則必須包含情感及認知（affective and cognitive）兩個要素。團體的成員們必須在情感的基礎（affective matrix）上互相交往、建立關係：他們必須自由自在地互動、盡量地表露自己、並去體驗與表達一些重要的情緒。但是，他們也得走出這些情緒（emotional）經驗，回過頭來檢視、瞭解並整合其意義。所以「此時此地」的焦點（here-and-now focus）是一個循環的步驟，它包括情感的喚起（affect-evocation），以及接下來的情感的檢視（affect-examination）[4,5]。（譯註：請見圖一）

　　如果在「此時此地」的經驗當中，缺乏情感或認知的要素，則會危害到治療的效用。在一九六〇與一九七〇年代，會心團體（encounter groups）常是一種深具魅力而令人興奮的活動，但是參與者發現：在強烈的經驗之後，若缺乏認知性的檢驗，則很難真正學到東西。這也就是說除非成員們能整合他們在「此時此地」的情境中所學習到的東西，進而融入真實生活當中，否則就不會有真正的治療性的變化。同樣地，要是團體領導者只是一味著重於解釋及智性的統合（explanations and intellectual integration），終究會扼殺所有自發性情感的流露，而創造出一個死氣沈沈、毫無裨益的團體。

　　因此，專注於「此時此地」有兩個階段：首先是情感的喚起，接著是情感的檢視（請見圖一）。每個階段都很重要，但由於性質不同，必須運用兩組截然不同的技巧：

1.第一階段：是情緒體驗的階段，治療者必須運用一組技巧，讓團體投入當下的各種互動。

2.第二階段：是情緒經驗澄清的階段，治療者必須使用另一套技巧來幫助團體，使其能跳脫出來，去檢視並詮釋其經驗。

■二、讓團體投入「此時此地」（Plunging the Group into the HERE-AND-NOW）

為了要讓團體成員們投入積極、活躍而又坦誠的交流之中，治療者在團體前的準備期間（pregroup preparation），就必須要先教導成員認識這些交流的性質及其重要性。在往後的團體聚會當中，也必須不斷地讓團體將焦點著重在當下（immediate present）。

㈠教導成員有關「此時此地」的進路（Teaching Members about the HERE-AND-NOW Approach）

圖一　團體心理治療中「此時此地」的技巧

為了形塑一個以「此時此地」為焦點的團體，其工作打從團體前的準備時期就要展開了。團體領導者會運用簡單易懂的教導，也就是針對團體治療的人際進路（interpersonal approach to therapy）作一個扼要而簡化的討論，來為病患提供一個有關「此時此地」進路的基本原理。若能透

過明確的描述，使病患了解到各種不同之心理困擾，是如何從人際關係中產生與表現出來，以及團體心理治療如何能提供一個絕佳的環境設施，讓病患可仔細地檢視他們的人際關係，這對他們會有所幫助的。

若沒有如此明確的準備，病患對於團體專注於「此時此地」的運作會感到迷惑。畢竟他們是來尋求治療焦慮、憂鬱、憤怒等不愉快的情緒，因此當治療者要病患對其他陌生的成員表達自己的感受時，他們怎能不覺得迷惑呢？為了減低這種困惑，並且確保病患能全心全意地參與團體，治療者就必須為他們提供某種認知的橋樑（cognitive bridge），而透過這種教導也讓病患看到治療者的苦心，知道他（她）在團體治療中所採取的乃是一種合理的、而且是前後一致的進路。

㈡強化「此時此地」焦點的重要性（Reinforcing the HERE-AND-NOW focus）

雖然團體領導者在最初之團體前的準備期間（pre-group preparation），已為「此時此地」的焦點打下了這些基礎，但他（她）在整個治療中仍應持續地強化這個焦點。有經驗的團體治療者無時無刻都會心存「此時此地」的觀念，並且自比為牧羊人，觀照整個團體持續地專注於當前的互動，以獲得滋養。若有任何偏離到過去、跳到團體外的生活或陷入理智化（intellectualization）的情形，團體領導者都必須溫和地將「羊群」拉回到當下。無論何時，只要團體裡出現了「彼時彼地」（there-and-then）的討論，例如：「我的第一任丈夫以前一喝醉酒就會對我百般地凌虐！」，團體領導者都必須想盡各種辦法將成員們帶回「此時此地」，例如：「阿麗，是什麼原因讓妳今天想在團體裡面提起這段往事？妳是不是覺得在這裡有某些

男士對妳不夠溫柔？」

　1.第一次聚會（the first session）

　　在頭一次聚會中，治療者就要開始將團體導引到「此時此地」的方向來。我們不妨來想一下每個治療團體剛開始的情況，通常在團體開始時，總會有人先起個頭，把他們的重大生活問題、擔心的事物、和他們來這個治療團體的理由拿來與團體分享。一般而言，這樣的揭露，會獲得其他人的支持，並引發他們作類似的揭露，因此在短時間內成員們就會分享了許多經驗。

　　為了要讓團體投入「此時此地」，人際互動導向的團體治療者稍後在會議中即會插進一段評論，如：「今天我們這個團體有個好的開始，你們很多人都已經與團體分享了一些關於自己的重要事情。但是我很好奇，在此是否另外還有一些事情正在發生呢？（其實，治療者完全知道確有其事。）你們每個人都會發現這屋子裡盡是些陌生人，毫無疑問你們都已經彼此觀察和估量過對方，並有了初步的印象。」

　　這時候，團體成員們會更加聚精會神，治療者就可以開始進行團體的治療作業，譬如說：「也許今天我們可以利用團體剩餘的時間，來討論大家對別人的第一印象」。若在一個較為脆弱的低功能團體中，成員們可能會覺得這種開放式的治療作業壓力很大，那麼不妨採取另一種建議：「也許我們可以來分享一下，到目前為止我們最喜歡彼此的哪一點。」

　　上述這些作法並非隱微的介入處置（subtle interventions），而是對於展開「此時此地」互動的過程一些打鴨子上架、直截了當的指示。絕大多數的團體，不管它們的成員組成或治療方向為何，對於這種介入處置的反應都不

錯。甚至各種住院病患團體，只要有一些適當的界線，都
可很輕易地完成這個治療作業，並獲得相當大的益處。

　　2. 鼓勵「此時此地」的自我揭露（encouraging here-
and-now self-disclosure）

　　團體治療者必須主動且盡心盡力，才能讓團體的討論
一直集中在「此時此地」上。他們必須將討論的內容自團
體外轉移到團體內，從對問題的抽象思索轉變成特定的表
露，從一般性的陳述轉變成個人的揭露。

　　舉例來說：假設有個病患很害怕參加宴會，因為他總
覺得自己會說些愚蠢的話，那麼治療者可以問他：今天在
團體內曾說過什麼「愚蠢」的話了？若有位病患說：她在
團體中談論到某些事情總會感到尷尬時，治療者或許可以
問；如果她冒險去談那些「讓人尷尬的」事，她預期會發
生什麼事情？假如一個病患擔心自我揭露會被人家恥笑或
被批評，團體治療者就可以問：「你認為在這團體裡面有
誰會笑你？」只要團體成員說出他（她）對別人反應的揣
測時，就為良好的互動開啟了一扇門，其他團體成員可以
就這些臆測加以確認，或更常見的則是提出異議而不予苟
同。

　　3. 找出團體內的一個類似現象來代替團體外的問題
（Identifying an in-group analogue for out-group problems）

　　活化「此時此地」（activating the here-and-now）的基
本原則，就是把一些團體外的問題，盡可能在團體內找出
類似的現象，然後便對此進行作業，而不再去理會團體外
的情況。

　　譬如，有位男病患說他太太有一次數落他冷酷無情，
兩人為此大打出手。這時，治療者應該在團體中尋找發生
在「此時此地」、而又足以呈現這個衝突的現象；或是治

療者可將團體的注意力轉向最近的幾次聚會，看看是否曾有其他成員抱怨過：這個男性病友對別人的問題不太有同理心。或者，治療者也可以要求女性成員想像一下，如果嫁給這位男病友當老婆，彼此親密的情感交流能到何種程度？若沒有這類的介入處置，團體成員就會花很多精力去幫助那位病患，想找出他跟太太爭執的原因，這往往是一種非常無效的團體運作方式。通常，當團體從當事者處得到偏頗或錯誤的資料時，其實就幾乎已經註定無法解決這種團體外的問題了，而團體成員終將陷入挫折或氣餒的情緒當中。

4. 團體內行為在互動上的意涵（interactional implications of ingroup behavior）

擅長於「此時此地」運作（working in the here-and-now）的治療者，能夠把發生在團體內的任何事情，都當做探究人際互動的跳板。如果一位病患獨佔團體達 20 分鐘之久，在迂迴地陳述一件童年往事，團體領導者就必須從人際互動層面，試著去了解他這個行為的意涵；領導者可以提醒這位病患，他曾經在初次聚會時說過他經常覺得別人沒有注意聽他說話。

治療者可以問：「這次是不是也跟以前幾次一樣呢？」要不然，也可以問病患為何選在今天這次的團體裡發表長篇大論：「其他的成員怎麼想呢？這是不是跟上週他感覺被誤解有關？」或者，還可以鼓勵這位病患停止獨白式的講話，回過頭來猜猜其他成員對他在此刻所說的話有何反應。上述這些措施，其所達到的效果都是一致的：避免團體成員陷入一種內容導向的長篇大論（content-oriented monologue）的情境當中，因而使得成員們無法討論彼此之間的各種關係。

5.使「此時此地」的運作是安全而有收穫的（Making the here-and-now safe and rewarding）

通常，一般人是無法自然、輕鬆地參與「此時此地」方式的運作。對許多病患而言，這是一種既新式又令人害怕的治療。尤其是以前與別人缺乏親密和坦誠關係的病患，或花了很精力去隱藏某些想法與感受（例如憤怒、痛苦或親密感）的病患，比較會有上述的感受。

團體治療者必須提供很多的支持、強化（reinforcement）、與明確的訓練（explicit training）。第一步是幫助病患了解專注於「此時此地」並不等於對質和衝突。事實上，許多病患的問題並非是生氣或暴怒的處理，而是親密感（closeness）以及如何坦誠而非強求地（或操縱地）表達正面的情緒。因此很重要的一點就是：要在團體的早期，便鼓勵成員除了表示批評性的想法之外，也要表達正面的感受。

團體領導者必須教導成員如何要求、以及如何提供有用的回饋，它不但契合團體互動的需要、而且是特定的、是針對個人的。任何與「彼時彼地」問題相關的、或是太廣泛的、太抽象的觀察或要求，都是無益的；例如：「我與男友的爭吵該如何解決？」、「你真正是個好人」、或「我是個吸引人的女人嗎？」等。問題或回饋越特定，則越具有效用和力量，因此以下的要求就有用的多了，例如：「我想探究為何我總是跟團體中的男士們槓上？」；而有用的回饋則是像：「當你與我分享你的苦痛時，我覺得此時與你最接近，也最想幫助你。但是當你表現得一切都可以自己處理，而不怎麼需要這個團體幫助時，則我頓時感到心中的熱忱大為降低。」

■三、瞭解「此時此地」（Understanding the HERE-AND-NOW）

專注於「此時此地」（the here-and-now focus）的第二階段，治療者需要具有一組截然不同的功能和技巧。假如第一階段是活化團體、使其投入到當下的情感經驗中，那麼第二階段則是需要深思、說明以及詮釋（reflection,explanation，and interpretation），這個階段的團體治療工作就是著重於團體過程（group process）。

假如幾個人參與討論，他們討論的內容是顯而易見的，這包括他們說出來的話以及所談到的實質議題；但是討論的過程則完全是另一回事，所謂的過程是指參與者如何表達內容，及其內容所顯現出來的參與者之間關係的本質。

(一)注意團體的過程（Attending to group process）

團體治療者要時時刻刻注意團體中溝通的過程，也就是必須要傾聽團體的討論，多花一份心思去觀察成員間的交談，檢視它們如何透露出參與者之間的關係。例如，有個病患忽然跟團體揭露，她童年曾被繼父性騷擾的事；成員們可能會傾向於探詢更多「垂直式」（vertical）的揭露：他們會問些性騷擾的細節，騷擾持續多久，她媽媽在其中的角色，以及是否影響到她日後跟異性的相處等，諸如此類的問題。

而一個過程導向（process oriented）的心理治療者較關心的則是「水平式」（horizontal）的揭露（也就是探究為何要揭露），因此會去注意在她的揭露當中一些人際關係與「此時此地」的層面。團體領導者會思考一些議題，

例如：爲什麼蓓蓓會選在今天、而非其他日子來講這件事？是什麼原因讓她今天願意冒這個險？又是什麼原因讓她先前沒有辦法說？她預期團體會怎麼回應？她最在乎的是誰的反應？（譯註：垂直與水平 vs 內容與形式）

「過程」的辨認（recognition of process）是心理治療藝術的一部分，而這種技巧需要長期學徒式的訓練。治療者若欲了解團體過程，必須不斷地紀錄所有可掌握的資料，例如：誰選哪個位子坐？誰總是遲到？當大家互相交談時，成員會特別盯著誰看？團體聚會結束時，哪些成員會聚在一起？當某人缺席時，整個團體會有甚麼變化？

團體治療者本身的各種反應是最有價值的資料之一，它們應該要被運用在治療工作上。假如治療者在團體聚會當中，感到無能爲力、挫折或無聊，則其他的成員們很可能也有相同的感受。相同地，當團體領導者在團體互動當中有融入或興奮之感，通常意味著這是一個勤奮、有效能的的團體。

㈡辨認基本的團體緊張關係（Recognizing Basic Group Tensions）

爲了要辨認與了解「此時此地」所發生的過程，治療者必須謹記：在每個治療團體中，均有一些程度不等的緊張關係。其中最根本、最重要的便是爭取支配權（dominance）；其他的則是每個成員都會面對的基本的團體衝突（basic group conflicts），它們包括：

1.手足競爭（sibling rivalry）與相互支持的需求間的衝突。

2.貪婪與助人之心間的衝突。

3.期待投入團體安適的懷抱與害怕喪失珍貴的自主性間的衝突。

　　治療者要能在這些基本的緊張關係在團體中初現端倪時，就辨認出來並且將它們顯露出來，才能讓團體持續有效地運作。例如一個辯才無礙且愛挑撥的年輕男性成員，長期在團體中享受著主導支配的角色，但當一位年紀較長、事業非常成功且進取的男士新加入團體時，這位年輕男成員就逐漸變得畏縮、鬱鬱寡歡，而且不久之後，他就宣布要退出團體。直到治療者注意到他們在爭奪支配權時，這位病患才開始有機會去探索，他對新進成員所產生的競爭與嫉妒的感受。

(三)各種「全團體」的過程（Mass group processes）

　　有時候，整個團體會被某種具有傳染性的情緒所籠罩，這情緒對團體的治療工作影響甚鉅，甚至會大到了淹沒個人動力（dynamics）的程度。有兩種現成的例子可供參考：其一是團體中出現一位急性發作的精神病患，這種情況會讓團體陷入無助、依賴的地步；另外，則是移除一個行為偏差的成員，這也會造成團體的焦慮或抗拒。

　　魏福雷‧畢昂（Wilfred Bion）曾發展出一個模式，有些團體治療者覺得可以用來了解各種「全團體」的過程（mass group processes）。這個模式包括三種基本的、會重覆出現、遍及整個團體（mass-group）的情緒狀態[6]：

　　1.配對（pairing）：發生在團體處於一種樂觀的，或充滿希望與期待的狀態。成員通常會相互扶持地配起對來，其行徑似乎是希望從同儕的成員中找到力量或發掘新的領導者，來延續團體的生命。

　　2.依賴（dependency）：發生在團體處於一種無助或畏懼的狀態。成員的作為就好像他們想從同儕成員之外，找出可以提供支持、滋養和力量的人來，通常那就是團體領導者。

3. 奮戰或逃逸（fight-flight）：發生在團體處於挑釁、具有敵意、或害怕的狀態之下。成員們表現得似乎是想避開團體內的某個事物，所以不是衝突起來，就是逃避手邊的治療作業。

一個團體發展的各個階段，都會影響到在那時期的「全團體」狀態或過程。例如，一個新成立的高功能門診病患團體，前十六次的聚會都進行得不錯，現在進入了一個頗有生產性、但也很具威脅性的階段，開始去探索成員間的衝突與對質。當一位隱含競爭、威脅、且頗為誘人的年輕女病患踏入團體時，成員們突然變得很團結，盡棄前嫌，忘了他們之間的差異與衝突，這種情況與前面幾次的團體聚會形成了強烈的對比，其實之前那段期間團體也吸收了兩位新成員，但當時幾乎沒有激起任何漣漪，那是由於團體正在建立凝聚力，所以他們立即就被融入團體早期這種愉快的治療作業當中。

有兩種「全團體」的過程發生時，會阻礙整個團體之進展：

1. 是一些牽涉到富涵焦慮的話題（anxiety-laden topics）的過程。

2. 是一些包含違反治療的團體規範（antitherapeutic group norms）的過程。

在第一種情況下，當某一個話題出現，對團體產生了莫大的威脅，此時不論它是意識的或潛意識的，團體會拒絕公開地面對這個問題，而採取逃避的舉動，也就是所謂的「團體遁逃」（group flight）。

個案舉例：

一個為商校女生所舉辦的精神動力取向且頗具凝聚力的支持團體，突然更換團體領導者，也就是其中的一位精

神科住院醫師，輪調到其他單位，但是卻沒有充分地告知團體。其後的兩次會議中，成員們花了幾乎整個聚會的時間，都在討論他們家庭中一些重大疾病、最近祖父母去世的事以及過去失去親近的家人與朋友的經驗，在這當中成員們有很多自發性的情緒流露，甚至有兩位平日沈默寡言的成員當憶及他們所珍愛的祖父母過逝之事時，也不禁潸然淚下；團體並沒有提及領導者更換的事情，不過當新的協同治療者想要提出這個主題時，成員們反而更熱烈地去描述他們團體外的生活點滴。

　　另一個會阻礙團體治療工作的「全團體」過程，就是違反治療的團體規範（antitherapeutic group norms）的形成。在其中一個極端，這包括了嚴重的反依賴（severe counterdependency）現象的發展，也就是團體抗拒治療者所有的建議或詮釋。在上述的臨床案例中，抗拒詮釋的過程（process of resisting interpretations）時常會交織著團體想要避免面對富涵焦慮的主題的期待。例如在一個憤怒、被激化的醫學生團體中，成員們一致激烈地反對領導者的建議--說他們部分的憤怒是來自個人對死亡、無能、和衰老的害怕，他們說：「我們對這些議題並不覺得苦惱，而是厭惡跟我們一起工作的住院醫師們，他們對待貧困病患那種的高傲態度。」

　　反過來，團體也可能發展出完全不同的型態，也就是極度的依賴，這依然是違反治療的團體規範。此時團體將治療者視爲一個神奇、具潛在危險的人物，並始終將超乎現實的能力加諸其身，且不願意以真實的個人來對待他。或者，團體可能會發展出一些規則，來防止團體去辨認或發展出成員間的緊張關係，例如，一個爲單親父母所開的支持團體，這團體的文化是極度的敏感與順服；整個團體

不但去壓抑任何成員之間不同的意見或衝突，並且還禁止成員們相互承認（acknowledge）與確認（identify）他們個人的品味與喜好。

治療者必須決定何時要強調在一個互動中的人際層面，何時該強調「全團體」過程。通常，一旦某個議題嚴重影響整個團體的存續或治療功能時，就得趕緊運用「全團體」的介入處置（mass group intervention）。治療者可用下列兩個方法來描述他（她）對團體過程的觀察：

1. 特定地去確認並標記出團體的阻抗。當「全團體」過程影響到團體去處理身邊真實的議題時，治療者可對它的存在或性質作一個特定的評論（例如，在商校的女學生團體中，透過評論她們對於祖父母去世的哀悼方式，來象徵對治療者離去的哀傷）；或者可以

2. 指出團體阻抗所帶來的種種後果。也就是挑明地說：目前的「全團體」過程可能會危害到一些成員或整個團體（「我覺得安娜與小麟有必要去探索他們在想法上嚴重的差異，但是大家總是不停地在變換話題。不知道怎麼回事，我們的團體竟會演變到這個地步，使我們沒辦法對彼此的差異作建設性的談論!」）。

「全團體」的詮釋（mass group interpretations）只是團體領導者角色中的一小部分。事實上，有研究指出：治療者若將他們的觀察只侷限在「全團體」的評論（mass group comments）上，是無益於治療的。想藉由針對整個團體的介入處置，來激發自我檢視或人際互動，其效果遠不如針對個別成員或成對的成員（a dyad）作介入處置來得好[7,8]。

第二節 移情作用和透明化的運用

在團體裡面，不同的成員對領導者所產生的移情作用，是一種很有影響力的事件，具有相當大的治療潛能。如果有成員對團體領導者產生定型化的（stereotyped）或不切實際的反應時，這種現象是可以讓其他所有的成員來檢視和評價的。另外，治療者也可以用透明化的方式，也就是以他（她）自己的反應、開放和坦誠，來回應成員，以澄清團體裡面對其所作的種種不切實際的期待和反應。

■一、心理治療團體中的移情作用（Transference in the Psychotherapy Group）

成員對團體領導者會有強烈感受，其真實的來源是起自他們對於治療者所掌握的巨大權力而產生的外顯的或直覺的仰慕。治療者持續的出席和公正無私，對團體的生存和穩定是不可或缺的。他們是不能被罷黜的；他們有增加新成員、開除舊成員的權力，而且可以針對他們所期望的任何議題，去動員強大的團體壓力。

有時候，成員們也會以不切實際的（unrealistic）眼光來看治療者。真正的移情作用（true transference），也就是對過去的某個對象（如早期的父母形象，early parental figures）之情感移轉，即是這種看法的來源之一。對權威不一致的態度，例如將依賴、自主、叛逆等，都反應到團體治療者身上，這是對治療者不切實際看法的另一個來源。此外還有一個來源則是病患傾向於將治療者塑造成超人的形象，例如認為他們具有洞悉人性的智慧，因而將他

們作爲抵抗存在性焦慮的盾牌。

(一)避免過度強調移情作用（*Avoiding undue emphasis on transference*）

　　從精神動力論來看，所謂「真正的移情作用」（true transference）的確會在團體心理治療中出現，它確實是強而有力的，而且對團體互動的本質有很大的影響。在任何團體中，總有某些病患的治療成效是取決於移情性扭曲的化解，而也有很多其他病患的改善是要靠人際學習而來，這並非源自於他（她）跟治療者之間的移情作用的化解，而是源自同儕導向的治療工作（peer-oriented work），也就是要解決與其他成員間的一些議題，例如競爭、互相利用、或在性別與親密度上的衝突等。

　　某些團體治療者，特別是那些傾向於傳統精神分析學派的治療者，太過於強調移情作用，且只對成員進行移情作用的介入處置。例如，若有兩種情況可作選擇，一種是著重於兩個成員間的關係，另一種是著重於一個成員與治療者之間的關係，那麼精神分析學派的治療者往往會選擇後者。或者，這類治療者只有在牽涉到他（她）本人時，才會對兩個病患間的關係來作詮釋，例如，兩個互相支持的成員，企圖要排除治療者、或想挑起嫉妒心、或證明沒有治療者他們也能過得很好時。如果治療者只看見團體中移情作用的部分，他們便不會鼓勵成員去探究其他許多重要的人際互動，他們也將無法與許多成員真誠地建立關係。

　　團體治療者必須注意，除了要善用成員對他們的任何非理性或不切實際的態度外，同時千萬也不要忽略掉他們（治療者）在團體當中還有很多其他的功能。要有效的運用移情作用，治療者必須幫助病患去辨認、瞭解、並改變

他們那些扭曲的反應。在治療團體當中，有兩種主要的方式可用來解決移情作用，分別是：共識性認可（consensual validation）與治療者的透明化（therapist transparency）。

(二)*共識性認可*（*Consensual validation*）

在共識性認可方面，團體治療者常常會鼓勵病患就他（她）對團體裡某個事件的印象，與其他成員做個比較。舉例來說，如果所有的成員都同意某一位病患對治療者的看法，認為他（她）是尖酸刻薄、專制獨裁的，那麼這位病患對治療者的反應，若不是源自於團體大多數人對領導者角色的看法，就是它相當切合實際，換言之這位病患的觀點是十分正確的！治療者也是會有一些盲點的。

反過來說，如果團體裡面，只有一個成員對治療者有特別的看法，那麼便應該有人協助此成員去檢視看看，他（她）自己是否以一種扭曲的觀點來看治療者、甚至其他的人。總之，共識性認可能夠讓病患辨認出他們自己看待治療者的特異方式，看到他們所賦予治療者的特質與別人所見並不相同。

■二、治療者的透明化（Therapist Transparency）

治療者必須學會真心誠意地回應他們的病患，以明智審慎且負責的態度來分享自己的感受，承認或駁斥那些由成員們所歸到他們身上的動機和感受。換言之，他們必須檢視自己的盲點；並且應對成員的回饋表示尊重。舉一個臨床實例：在一個大學生的支持團體裡面，有位好爭辯的工程學系男生指責女治療師說，在她要求他與另一個成員分享一些反應時，她顯得過於咄咄逼人且沒耐心；而且他聲稱這位治療者之所以如此，是因為她在團體中感到厭煩

和她的優越感所致。這位治療者溫和地予以回應，她提醒這位學生，他有與權威人物發生衝突爭執的習慣，但是她也承認以前常有人回應說她沒有耐心；她說事實上她的確對於團體在進行揭露時，小心翼翼的步調感到有些煩躁，也許她本身是太性急了。當治療者以上述的方式把個人的透明度表現出來時，成員們便愈來愈難再對團體領導者保持其不真實的（fictitious）或一成不變（stereotypes）的看法。

(一)反對治療者透明化的一些理由（*Objections to therapist transparency*）

　　有些人會反對治療者的透明化，其中主要的理由是基於傳統精神分析學派的看法，他們認為：在心理治療裡面，最重要的治療因子是病患與治療者之間移情作用的化解。然而，在團體心理治療中，其實其他的治療因子也具有同等或更大的重要性，而且治療者必須在團體的現場時況（real-time）中明智審慎地運用他（她）自己這個人，來促進這些治療因子的產生。而在示範人際的透明化時，治療者通常會致力於團體規範的模塑（shaping of norms），進行「此時此地」的活化（here-and-now activation），分析整個團體過程的來龍去脈（process illumination）。藉著透明化的運用，削弱了治療者在團體中的地位，如此可以加速團體的自發性和凝聚力的產生。

　　有些團體治療者習慣在病患面前維持一種權威的姿態，尤其是那些經由醫學模式訓練出來的醫師更易如此，他們可能會擔心當揭露自己的一些反應時，會喪失權威或成員們的尊敬。他們可能會想像如果他們表露了自己內心的某些部分，病患們將會對他們失去信心或取笑他們。曾經親身帶過團體的治療者就會知道這些看法是錯誤的。

還有一個反對治療者親自作自我揭露的理由是：害怕揭露的深度會逐步增加，也就是害怕一旦他們坦然相對後，貪得無厭的團體成員會要求得更多。其實團體中絕大多數的成員都反對這種作法，儘管他們對領導者都十分好奇，但是也希望治療者能保持神祕感及全能的形象。只要他們獲得治療者負責的、且能促進成長的迴饋以及個人的坦白，就很少有人會想要或要求知道治療者私人問題的細節了。

(二)運用透明化的指導方針（Guideline to the use of transparency）

依據治療者的個人風格與在某個時期的團體目標，治療者的透明化各有許多不同的作法。有一個重要的指導方針，就是治療者問問自己：在團體中某個時點，自我揭露的目的何在，如「我目前是否正在嘗試促進移情作用的化解？我是否正努力以身作則來建立治療規範？我是否正嘗試藉著處理成員與我的關係，來協助成員們的人際學習？我是否正嘗試提供支持、表現對成員的接納，並真的對他們說：『我重視、敬重你們，我願意表露自己來展現這個心意』？」無論何時，治療者都必須考慮到：透明化是否跟其他的團體治療作業相配合。

(三)治療者與病患之間的互動與透明化（Therapist-patient interactions and transparency）

不論何時只要是治療者與病患之間產生互動，尤其是病患給治療者回饋的時候，治療者都必須準備好作明智審慎的自我揭露。譬如，某一位過度奉承的年輕厭食症病患，擔心團體領導者是否因為她某次缺席而在生她的氣，這時領導者可以回應說：「沒錯，我很擔心，也有點生氣

妳未事先通知不來團體」；接著他便可以和這位病患及其他成員共同來探討：他這些反應的意義及大家對此的回響，例如說：「聽到我在生氣，你們覺得如何？這是她所預期的嗎？我這樣生氣不合理嗎？她是否有點想捉弄治療者？對於她的缺席，其他的成員覺得如何？團體中有任何人想對領導者的反應作回饋嗎？」

當治療者得到團體成員的回饋時，有三個一般性的原則是必須要注意的：

1. 治療者必須認真地對待這些回饋，他（她）要去傾聽、去思考、並直接地作回應。

2. 治療者必須得到共識性認可（consensual validation）：其他的成員覺得怎樣？這個回饋主要是一種移情反應，或是很貼近大多數成員所認定的事實？如果這回饋是基於事實，治療者必須公開地加以證實：「是的，我想你是對的！你有注意到我對你的反擊確實很快，其他的人也注意到我在過去的一週當中一直都很容易生氣！」

3. 團體治療者必須以自己內在的經驗來衡量這個回饋：這回饋恰當嗎？從其中可學到一些重要的東西嗎？前面提過的一位女性治療者，被成員說她有點冷漠和拒人於千里之外，可能也會發覺這確實是她在團體內的感受，若能了解到這些感受，對未來的治療工作會有很大的助益。

治療者的角色在任何較穩定的互動團體的生命期當中，都會經歷漸進性的變化，而在許多較特定化的長期團體也是如此（例如長期性酒癮患者的復原團體，或針對加護病房護士持續進行的支持團體等）。在團體剛開始時，治療者忙於建立各種創建團體所需的功能，同時也積極地發展出一個社交系統好讓許多治療因子得以運作。

治療者也致力於「此時此地」的活化和闡明，好讓成

員能獲得適當的人際學習。然而，漸漸地治療者與團體互動了起來，融入團體中成為一個坦誠、願意自我表露的成員，而病患最初對他（她）所持的刻板印象也就逐漸消失了。

第三節　利用團體程序輔助技巧

透過團體程序輔助技巧（procedural aids）的使用，團體領導人的治療利器便可獲得擴充。這些特定的技巧也許不是必需的，但卻可能有助於團體的療程。它們包括：(1)書面摘要的運用(2)錄影的運用(3)結構化練習活動的運用。這些技巧潛在的用處多半視治療團體的類型而定。

■一、書面摘要（Written Summaries）

對大多數的門診病患治療團體而言，尤其是人際互動導向團體，書面摘要的運用可以促進其療程[4,5]。團體治療者在每次聚會之後，都會把該次聚會作一簡明平實的口述，然後謄寫一份大約 2-3 頁的書面資料，在第二天寄給團體成員們。這些摘要提供在會議與會議間，成員們額外的接觸機會。

㈠目的（Aims）

書面摘要有好幾種功能。它可讓人對聚會中「此時此地」所發生事件有所了解，且可促進團體裡強烈的情感經驗的整合；它標記出成功或有阻抗的聚會，紀錄與誇讚病患在團體中的進步，並預測一些團體中不受大家歡迎的發展，以減輕它們的衝擊；書面摘要藉著強調成員間的相似

性、強調對關懷或其他正面情緒的表達、和提供聚會之間的連續性，來增加團體的凝聚力。

書面摘要也提供了一個理想的詮釋場所（forum for interpretations），例如它可以用來複述聚會當中所作過的一些詮釋（或許在聚會當時，團體正處於混亂的情境，大家對這些詮釋根本是充耳不聞），或呈現治療者在聚會後才想到的一些新的詮釋；書面摘要也可作為治療者透明化的一種額外形式；最重要的是，這些摘要可以幫助病患了解到團體過程是井然有序的，而且治療者對團體的長期發展是有一貫的中心思想的，因而可為病患帶來希望。

(二)一般特徵（*General features*）

雖然書面摘要很少被用到，但是病患對此技巧都一致給予正面的評價。大部份病患都會期待著收到每週寄來的摘要，他們會認真地加以閱讀及思考。許多人還重讀好幾遍，且幾乎所有人都會將它們存檔，以備將來溫習之用。病患對治療的展望與投入程度會因而加深；病患與治療者的關係也獲得強化。它們不會併發嚴重的移情作用，也沒有洩密或其他不利的後果會發生。

每週的摘要對於團體中治療過程的記載，必須是誠實且易懂的。它們的內容與治療者所留存的摘要是完全一樣的（譯註：即沒有所謂的 AB 檔案），而且會這麼做是基於一個假設，也就是每個病患在治療的過程中都是充分合作的，而心理治療的力量並不會因為這種去神秘化的過程而削弱，反而是被增強的。

書面摘要中資料的取向可反映出團體的治療取向。在長期的互動團體中，摘要著重於聚會中發生的人際交流（transactions），和治療者對於這些交流背後的人際動力與意涵的思索。在一個有期限的（time-limited）門診病患

團體裡，其目標較爲審慎保守，摘要的焦點則完全不同，例如在一個喪偶團體，摘要較偏向描述的性質，主要在強調成員們對喪慟期間的各種問題所採的因應模式，這些問題包括：寂寞、社會角色的改變、已故配偶財產的處置，以及如何面對一些存在性議題（如死亡、孤單、生命的意義、遺憾等）。

■二、錄影（Videotaping）

有些團體治療者會製作錄影帶，來記錄治療中的主要特徵。他們可能會在聚會當中，立即重播該次聚會的某個片段，或事先規劃一些定期的聚會作爲錄影帶重播之用。而某些人雖然覺得這個技巧的確有其價值，但是只用它作爲教學的材料，或偶爾在治療過程中當作輔助工具而已[9,10]。

雖然別人對自己的行爲所作的回饋很重要，但無論如何，都比不上自己親身發現的資料有說服力；從這觀點來看，錄影帶便可以提供強而有力的第一手回饋。當一個人首度在錄影帶上看見自己時，通常是一種重大的經驗，它徹底地挑戰了一個人的自我形象（self-image）；這些經驗常讓病患突然會回想起他們以前得自其他成員的回饋。經過這種激盪人心的衝擊之後，成員們領悟到團體一直都是坦誠的，如果有甚麼可以挑剔的，那就是從前的種種對質其實都保護過多了。

治療者之所以決定使用錄影來作爲常態性的團體程序輔助技巧，大多是依照團體的焦點和種種目標而定。例如針對功能性（擬身體化，somatizing）疾病患者的密集式團體治療方案中，治療者會相當倚重錄影帶來回顧聚會的過程，好讓病患對自我呈現（self-presentation）能有一些更

清楚的印象[11]。

　　一般而言，病患對錄影帶重播起初的反應主要與外在的吸引力以及各種特殊習癖（mannerisms）有關。在後續幾次的錄影帶重播聚會中，病患開始會較仔細地去注意自己與他人的互動、他們退縮或膽怯的表現、他們對自我的關注、他們那冷漠或敵對的態度。這是病患首次用他們自己的眼睛，來看自己行為的全貌和它們對其他成員的衝擊，這往往會帶給病患們一些深刻的領悟。

　　準備要看錄影帶重播的病患，通常會接受錄影帶所來的建議。不過，他們也常擔心保密的問題，而需要給予再保證使其消除疑慮。如果帶子要給團體成員以外的人觀看時（例如：學生、研究人員、或督導者），治療者必須明確地解釋要讓他人觀看的目的，以及那些觀眾的身分，而且事先要得到所有成員的書面許可才行。

治療團體聚會的書面摘要舉例

喪偶團體：有期限的（8次聚會），封閉式成員制

　1.第一次聚會

　　……在花了一些時間得知每個人的名字之後，我們要求成員們自我介紹，並告訴我們一些有關他們自身的資料，以及他們所經歷的一些事情。我們要求大家談話適可而止，不要讓自己感到不舒服，不要觸及任何現在回想起來仍會感到痛苦不堪的記憶。亞妮首先開始作自我介紹，她結婚三年，她先生在四個月前因白血病去世；在他病中，她一方面要花很多時間去照顧他，一方面還要工作；在她先生逝世之後，她的日子很難過。有很多誘惑不斷出現，其中之一就是她希望立刻尋找和建立一個新的關係

……．

　　……聚會結束時，我們詢問成員們在向團體作自我介紹時感覺如何。愛倫很驚訝她居然能在團體中講那麼多話，這完全超出她自己原先的預料。小鮑告訴我們，他對團體有點害怕，因為當他談到喪慟經驗時，勾起了許多痛苦的回憶。我們簡短地討論了一下：正視自己內心的感受，或是讓自己分神於其他事物，各有那些好處；雖然太激烈、太長時間地凝視著自己的悲傷是件很痛苦的事，但終究我們需要充分地去探索自己，好讓我們可與自己相處下去，……。

　　2.第八次聚會

　　這次的聚會大家都很融入、很努力，我們公開地討論了很多痛苦的議題。它也是我們最後一次的聚會，大家充分討論過團體結束的議題……。

　　在這次聚會剛開始時，我們是談到有關「遺憾」（regret）的事，並問到是否有人會因為有些事情早該在團體中說出來，卻一直還沒有開口而感到遺憾。這些談話勾起了亞妮和愛倫的憾事，她們遺憾在先生臨終之前，沒有如己所願充分地與先生溝通……。

　　……我們檢視下面這個問題：如果一個人對某件事覺得有罪惡感時，要如何讓自己從壓力中解脫出來。愛倫說她覺得很抱歉，因為在團體中她表達得不夠多；我們指出，事實上，她剛參加團體時，總覺得在團體中很難以啟齒。但是經過了這八個星期後，她在團體中越來越能坦率地說話，並表露了更多的信任感；雖然她不能改變自己的過去，但她已能接受在她生命中這個悲劇性喪偶經驗，並試著從中學習，以改變自己的未來。從現在算起五年後，當她回首並注意到自己已經可以對她的小孩與密友表達感

受時，她將不會再有任何理由可覺得遺憾了，……

長期互動團體：無期限、開放式成員制（保持 8 個成員）

　　1.第十六次聚會

　　今天團體表現得既激烈又坦誠。今天像是個轉捩點，大家開始探討一些更深層的議題……。

　　一開始，阿倫告訴團體：他曾經看過一篇有關酒癮患者的成年子女（adult children of alcoholics）的文章，並且懷疑這類團體是否適合他，而他是否應該要離開這個團體。他得到許多相關的回饋。淑妃注意到阿倫在團體中跟大家越來越親近，她覺得是否因為這個因素使他驚慌不安，所以那時才會考慮到要離開。

　　後來，在談及假日的生活時，阿倫只提到好的一面。怡芙問他是否沒有遵守「絕不抱怨」的內在禁令，阿倫說：「我有啊！」，並說他在孩提時便學會這樣做了；然後他才開始願意跟大家分享一些他在假日中寂寞和不滿意的事，此時，許多成員才覺得真正與阿倫有所接觸，像小畢就說這是他第一次真正感到可以同理阿倫，而不再被他那副「教授似」的態度弄得對他敬而遠之。阿倫今天在團體中十分努力，而且似乎很感激能與其他成員有所接觸，我們希望當他回顧這件事的時候，不會感到透不過氣來或太驚嚇…。

　　瑪麗今天穿著一款嶄新的服飾，顯得十分吸引人，她在團體中採取強勢的態度，而不是以往所慣有的支持或撫慰的角色；另一個大的改變是她與大家分享了一些童年的痛苦回憶，我們知道那對她是多麼困難的。怡芙給她更多的壓力，而她也可以去碰觸某些悲傷和羞愧的感覺。後來，怡芙和淑妃都想知道為什麼這些議題總是在團體快結

束時才出現，以致於大家沒有時間與她一起再探討下去？
……

■三、結構化的練習活動（Structured Exercises）

　　結構化的練習活動這個名稱，指的是許多團體活動
（group activities），成員們在參加時必須遵照領導者所制
訂的一組特定的指示來進行。這些練習活動在短期而有特
定對象的治療團體中，要比在長期的一般性門診病患團
體，扮演著更重要的角色[4,5,12]。

㈠目的（Purpose）

　　儘管各個活動程序的精確理論基礎互有差異，但一般
而言，結構化練習活動的目的是在加速團體的進行。一些
結構化的練習活動（例如輪番上陣式的自我介紹或暖身程
序）可用來避開在團體剛開始時，一些令人猶豫不安、不
自在的步驟。另外的一些練習活動則藉著分配給每個人一
些團體治療作業，以避免過度小心、儀式化的社交行為，
來加速成員間的互動（例如，在新團體中，將成員們兩兩
配對，並讓他們簡短地向對方介紹自己，然後讓每個成員
向團體介紹他的同伴）。還有一些其他的技巧則是借著幫
助成員辨認受壓抑的情緒，或探索自身當中不為人知的部
份，或注意身體的感覺，以加速個人治療工作的進展。表
一列出一些結構化練習活動的例子。

表一　團體心理治療中結構化練習活動舉例

....

　　成員們兩兩配對，每個人花幾分鐘的時間描述自己給對方知道。團體再度聚在一起，每個人介紹他（她）的同伴給團體，並代表其同伴發言，描述的內容包括個人特徵、簡短的人生經歷、好惡以及抱負等。爾後，成員一起探索在向別人描述自己的個人資料時感受如何？而由同伴介紹自己給團體時又有何感受？（物質濫用病患的持續性復原團體）

　　要求每個團體成員帶一張最心愛的照片，其中要包括自己以及至少一個外人在內。當照片輪流傳給他人觀看時，請每個成員描述自己這張照片的特殊之處，並鼓勵其他成員將他們的反應分享出來。（日間留院團體）

　　給成員筆和紙來寫下自己的訃文。內容包括他們希望別人記得些甚麼？他們生命中真正可以歷久不衰的成就是甚麼？然後請成員對著團體大聲地唸出自己的「訃文」，並且彼此給予並接受回饋。（喪慟團體與針對死亡和瀕死主題的工作坊）

　　選出一個團體成員（「發問者」），讓他暫時離開房間，當他（她）出去後，團體再選出一個人作為「主角」。當「發問者」回到房間後，他可以試著問三個問題，來猜出這個「主角」是誰。這三個問題必須採如下的形式：「假如這個人是_____（花朵、動物、車或其他種類的物品），他（她）會是哪一種？」每個成員，包括這個擔任「主角」的人，都必須輪流回答每一個問題（例如「這個人可能是個母老虎」），而不能透露這個主角的身份。在所有人都回答完三個問題後，「發問者」試著去猜「主角」是誰。然後請團體來討論：不同的人對相同的主題，竟有這麼多不同的體認，所以也有各種不同的答案。

　　讓成員們思索一下他們現在的心情，然後用兩種顏色來形容那種心情。每個成員告訴團體他（她）的兩個顏色，而其他成員則試著推斷這位病患的心情和選擇那些顏色的理由。（慢性住院病患團體）

　　發給每個成員七張索引卡和一枝鉛筆，並請他們在每張索引卡上寫一個可以用來辨識自己的特徵（例如，「我是個老師」或「我是個熱愛音樂的人」或「我是個熱情的人」）。然後指導成員們安排這七張索引卡的次序，將最表淺的特徵放在最上面，最深層的在最底下。讓成員在安靜思索幾分鐘之後，放棄最上面，也就是最表淺的特徵那張卡片，然後進入第二張，依此類推，直到他們思索過放棄那張代表最深層特徵的

卡片。這個過程也可以依相反的方向重複一次，也就是從最深層到最表淺，成員依序重新取回其不同的特性。最後讓團體討論這個練習活動所引發的種種想法與感受。（正常人的個人成長團體）

請成員回答以下的問題：「如果你有一百萬元，你會怎麼處理？」回答必須是幽默且經過深思熟慮的。然後鼓勵每個成員彼此交換心得。（低功能住院病患團體）

請成員將飲食日誌帶來，並且將最近一次暴食的紀錄翻開，傳給左手邊的人，請每個成員對著團體大聲地朗讀鄰座成員的日誌，並且分享她自己的各種反應。（飲食疾患的門診病患團體）

發給每個成員一張索引卡與一枝鉛筆，讓每個人都不記名地寫下一項跟他們自己相似的物品，且寫下一項想要交換的物品。然後把所有的卡片都堆在會議室中間，混合起來。每個成員隨機地從卡片堆中抽出一張，並且大聲唸出來。然後成員們分享對每張卡片的反應。（後續照顧團體）

- -

　　結構化的練習活動可長可短，可能只需要幾分鐘，或者要花上整個聚會的時間。雖然練習活動或以口語為主，或以非口語（nonverbal）為主，但是，一定會包含一個口語的部份，如此才能產生一些資料，以供團體後續討論之用。練習活動有可能是牽涉到整個團體（group as a whole），例如要求慢性住院病患團體訂定一個出遊計畫；也可能是一位成員面對整個團體，像在一個會心團體性質的團體內，進行「信賴感」的練習活動，要求一個成員站在環形團體的中央，閉上眼睛，然後倒下，讓其他成員支撐起他（她）；練習活動也可包括團體中的每個人，例如輪番上陣的方式（go-around），其中一個活動是請團體裡每個人輪流說出自己對其他人的第一印象，另一個在團體早期也很管用的活動，就是讓每個成員輪流地分享一些個人的背景資料，例如在喪偶團體的初期，可以要求成員在某次聚會時，帶張結婚照來跟大家分享。

在前面幾個章節裡面所提過的許多團體治療作業和技巧，例如規範的設定、「此時此地」的活化、瞭解「此時此地」等，它們所採的各種進路（approaches）都是由治療者所指定的（諸如「你最在乎團體中誰的意見？」「當你跟瑪麗說話時，能不能看著她？」「與我們分享那件事的感覺如何？」「如果有一個冒險量表分數由 1 到 10，你可否估量看看你今天跟我們一起冒險的程度有多少？」）

每個有經驗的治療者都會運用到一些結構化的練習活動，但有時其手法是在不知不覺中自然形成的[13]。例如，如果一個氣氛緊繃、停滯的團體，出現了一、兩分鐘的沈默（在團體裡即便是一分鐘的沈默就已經夠久了！），一些領導者可能會要求每個成員輪流發表簡短的幾句話，說說他（她）在沈默當中沒有表達出來的感受或想說而未說的想法。這種練習活動信手拈來，且可以產生許多有價值的資料。

(二)限　制（Limitations）

過度使用結構化的練習活動是有反效果的。在長期的團體治療中，假如團體領導者能鼓勵成員們去體驗他們的羞怯或多疑，並去瞭解其背後的精神動力，而非指定他們進行一個練習活動，作深度的揭露或表達，如此才不致於阻礙那些感受的出現，而他們也會獲得更多治療性的進展。

而在一些急性或短期的環境設施中，例如住院病患團體與某些有特定對象的門診病患團體，其情形就更複雜了。面對有限的時間，又要幫助許多不同的病患，治療者會發現結構化的練習活動是非常有用的：它們可增加病患的參與感，提供了一個清楚適當的團體治療作業，並可增進團體的效能。

　　但是必須要避開一個陷阱，也就是每當治療者使用太多結構化的練習活動時，很可能會讓團體變得太依賴了。團體因此形成了一些規範，也就是團體中大部分的活動和互動，全要靠領導者的引導而產生，而非經由成員們積極而富企圖心的參與所建構起來的。在一個高度結構化、以治療者爲中心的團體中，病患開始會覺得幫助，而且是所有的幫助，都只是來自治療者一個人；因而他們不會想讓自己的人際技巧有所發展，並且也停止利用其他成員所能提供的幫助與資源。治療者要讓團體充滿自主的活力（energizing the group）或把團體當作嬰兒般地呵護（infantilizing the group），其間的取捨，正如走鋼絲一般必須小心地拿捏。

參考資料

1. Lieberman MA: Change induction in small groups. Ann Rev Psychol 1976; 27:217-250
2. Kahn EM: Group treatment interventions for schizophrenics. Int J Group Psychother 1984; 34:149-153
3. Rothke S: The role of interpersonal feedback in group therapy. Int J Group Psychother 1986; 36:225-240
4. Yalom ID: The Theory and Practice of Group Psychotherapy. New York, Basic Books, 1970
5. Yalom ID: The Theory and Practice of Group Psychotherapy, 3rd ed. New York, Basic Books, 1985
6. Bion WR: Experiences in groups and other papers. New York, Basic Books, 1959
7. Nichols M, Taylor T: Impact of therapist interventions on early sessions of group therapy. J Clin Psychol 1975; 31:726-729
8. Malan D: Group psychotherapy: a long term follow-up study. Arch Gen Psychiatry 1976; 33:1303-1315
9. Berger M: The use of videotape in the integrated treatment of individuals, couples, families and groups in private practice, in Videotape Techniques in Psychiatric Training and Treatment. Edited by Berger M. New York, Brunner/Mazel, 1970

10. Rynearson EK, Flanagan P: Distortions of self-image and audio-visual therapy. Psychiatric Annals 1982; 12:1082-1085
11. Melson SJ, Rynearson EK: Intensive group therapy for functional illness. Psychiatric Annals 1986; 16:687-692
12. Lieberman MA, Yalom ID, Miles MB: Encounter Groups: First Facts. New York, Basic Books, 1973
13. Corey G, Corey MS, Callanan P, et al: Group Techniques. Monterey, CA, Brooks/Cole Publishing Co., 1982

住院病患團體 　第七章

　　在目前的臨床實務上，想要將眾多有特定對象的（specialized）團體加以分類，都是先從住院與門診病患環境設施的分野來著手。住院病患團體（inpatient groups）一般性的分類可以依急性程度，再加以細分（如圖一）。急性住院病患團體，例如在綜合醫院的精神科病房所見，有很多複雜的特性，其描述可見於本書的各處（如表一）。它們基本上與慢性住院病患團體---如榮民醫院或精神科長期收容機構裡的團體---有所不同，後者較像門診環境設施中的後續照顧團體和藥診團體。

　　雖然，我們把門診病患團體放在與住院病患團體相對的另一端，但治療者在處理某些有特定對象的住院病患團體時，仍會遇到很多相同的臨床情境，而且會像門診病患團體的同事一樣，使用到很多相同的技巧（讀者可以參考有特定對象的門診病患團體相關的章節，[譯註：主要為第八章第二、第三節]）。畢竟，行為導向團體，如住院的神經性厭食症病患的團體與門診飲食疾患病患的團體，兩者相似的地方，一定比相異之處要多。

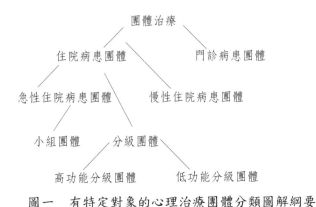

圖一　有特定對象的心理治療團體分類圖解綱要

表一　住院病患心理治療團體的特徵

・團體成員的組成改變快速
・短期住院的病患只能參加幾次團體聚會
・經常聚會（通常是每天）
・很少或沒有團體前的準備
・成員會出現嚴重的精神病理
・病患的精神病理有很大的異質性
・工作人員輪調╱團體領導者缺乏連續性
・病房圍境（milieu）對團體的過程影響巨大
・發生團體外的社交活動是無法避免的
・團體可能是病患唯一可獲得的心理治療形式
・團體可能是病患訴說住院壓力的唯一場所

第一節　急性住院病患團體

　　為了修正一般性的團體心理治療的技術，以適應任何特定化的環境設施（specialized setting），不管它是急性住院病患團體或是酒癮患者的長期性復原團體（recovery group），治療者都必須遵循以下三個步驟：

1.評量臨床的情境（assess the clinical situation）：治療者必須判定他（她）希望帶領的團體，在臨床上有哪些可變與不可變的束縛（restraints）。他（她）必須嘗試朝著有利於團體的方向、去改變各項可變的束縛。

2.制訂目標（formulate goals）：治療者必須在現有的臨床束縛之下，發展出一些合適而且可以達成的目標。

3.修正傳統的技巧（modify traditional technique）：治療者必須保留團體治療的基本原則，但可以改變一些技巧，以適應臨床環境設施，並達成特定的目標。

在這一節當中，我們將說明如何將這三個步驟運用在急性住院病患團體上[1]。這樣的團體，可見於一般的成人精神病房，它們包括各式各樣的病患、為了各種不同的問題而急性住院，例如：自殺、精神病狀態，或行為失控等問題。為了要讓團體能在住院的環境設施（inpatient setting）下發揮功效，就必須大幅地修正團體的技巧。

■一、評量臨床的情境（Assessing the Clinical Situation）

治療者必須從一個完整的臨床環境設施的評量開始，去判定他（她）所面對的各種局限（constraints）中，有那些是臨床情境的內在問題，是無法控制的；而有那些是外在的，是有潛力可加以修正的。

首先，急性住院環境設施的內在限制（limitations）---這些是治療者無法控制的---包括病患快速的出入院率（病患通常只能參加一次的團體聚會）以及精神病理的嚴重度

譯註：本書中，constraint 局限；restraint 束縛；limitation 限制，意義相近，有時會互相通用。

和異質性。另外，工作人員的輪調也會妨礙團體領導者的連續性（請參見表一）。

外在的局限（extrinsic constraints）是由於團體治療缺乏行政的支持：例如病房的政策可能只安排每週一次或兩次的短期團體治療、沒有長久固定的團體治療者、指派沒有經驗的工作人員去作團體領導者、或任意將病患叫離團體等。在規劃住院病患團體之時，治療者一開始的工作就是要爭取最佳的治療條件。他（她）必須獲得行政與臨床工作人員的支持，以確立團體治療是病房治療方案（ward program）中不可分的一部分；必須確定有預留團體的時間，而且要確保每個病患都可以參加；另外還要確定有充足的團體聚會的房間設施；最後必須說服治療方案的督導（program director），讓他知道團體的效果和重要性，如果有必要，也可利用研究證據加以說明。

影響住院病患團體治療的第三個因素是病房的圜境*（ward milieu），它是團體安身之處，是一個更大的生態系統。在這個系統當中有許多平行的過程（parallel processes），因此病房內的壓力---不論是病患與病患之間、病患與工作人員之間、或工作人員與工作人員之間---都將會回映到團體當中。例如兩位競爭行政職務的護士所引起的兇殘糾葛，會突然地在住院病患團體裡，透過兩位支配性很強的成員間所爆發的爭吵而反映出來。

■二、制訂特定的目標（Formulating Specific Goals）

當治療者盡其所能安排最好的情況後（例如合適的團

---

*譯註：melieu 譯為圜境，以別於環境（environment, circumstance），它是範圍有限，人為的「環境」。「圜」有圍繞之意，「寰」字則指廣大之域，不適用。

體會議室、足夠且不受干擾的團體時間、團體領導者的一貫性、以及在團體成員的組成上有某種程度的控制權），接下來他（她）就必須為團體制訂適當的目標。這些目標必須是特定的、在團體的時間架構下是可以達成的、並且經過調整而可配合病患的能力，好讓團體治療能成為病患一個成功的經驗（如表二）。

　　亞隆（Yalom）曾描述了六個住院病患團體可以達到的目標，它們分別是：

　　1. 讓病患融入治療的過程：幫助病患投入一個建設性和支持性的過程，使他（她）願意在出院後繼續參加團體。對某些病患而言，住院是他們第一次與心理治療接觸的時機。

表二　針對急性住院病患團體來修正一般性團體心理治療的技巧

- -

1. 評量臨床的情境，參閱表一
2. 制訂適當的目標：
・讓病患融入治療過程
・教導病患知道談話便可獲得幫助
・教導在辨識調適不當的人際行為時所會碰到的種種問題
・減少病患的孤立感
・讓病患能夠去幫助他人
・減輕與住院有關的焦慮
3. 修訂一般性技巧以便符合住院的環境設施
・採取一個不同的時間架構
・使用直接的支持
・強調「此時此地」
・提供結構

- -

2.教導病患知道談話便可獲得幫助（talking helps），而且他們可以利用心理治療來幫助自己。

3.辨識問題所在（problem-spotting）：幫助病患學習去確認他們調適不當的人際行為。如此可讓病患確認在未來的治療中可以努力的地方。住院病患團體心理治療裡有很豐富的資料可供利用，只是很少有時間可以充分地去探討。

4.減少病患在醫院或是外面生活中的孤立感（sense of isolation）。

5.讓病患能夠去幫助他人。病患在住院時是很沮喪的，但當他們知道可以對他人有幫助的時候，便會有很多收穫。

6.減輕與住院有關的焦慮：鼓勵病患針對精神科住院所帶來的污記（stigma），說出其觀感；討論病房內令人困擾的事件（如其他病患的怪異行為，工作人員的緊張關係，急性混亂的病患等）；並鼓勵病患從其他團體成員那裡獲得保證，而使自己寬心。

■三、修訂一般性技巧以達成特定的目標（Modifying General Techniques to Achieve Specific Goals）

在建立適當的目標之後，治療者為了要達成這些特定的目標，必須修訂一些標準的技巧。這也就是說，治療者在使用不同的治療因子時，將必須改變他們基本的策略和技巧（strategy and tactics）。例如治療者在帶領慢性精神病患的團體時，可以選擇強調普同性和資訊的傳授這兩個治療因子；但是，如同待會我們會談到的現象，當他（她）在帶領急性住院病患團體時，則將會強調利他性、凝聚力、和人際學習。

急性住院病患團體與傳統的長期性門診病患團體全然不相同（如表一）。因此帶領這些團體時，在技巧上就需要作徹底的修改，特別是在以下四個方面：時間的架構、支持的程度、「此時此地」的活化（here-and-now activation）的運用、以及團體的結構。

(一)時間架構的改變 (The altered time frame)

住院病患團體的領導者基於成員快速的更替，和團體成員的組成每天都在變的事實，必須大幅縮短團體的時間架構。治療者必須考慮到住院病患團體的壽命（life）只有一個會次（a single session）之長，他們必須努力地在一次團體中便盡可能地提供一些有用的東西，能夠幫助愈多人愈好。

單一會次的時間架構，最需要的便是效率（efficiency）。沒有時間可以浪費：團體領導者只有一次機會去讓每一位病患融入團體，所以也就不應該白白地把它浪費掉。為了要有效率，治療者必須提高其活動力（activity）；治療者必須隨時都能去活化團體（讓團體動起來）、去號召成員、去支持他們、並能親自去與他們互動。

(二)支持 (Support)

住院病患團體心理治療是要產生一種建設性的、安全的和正向的經驗，為了要達成這個目標，團體領導者必須要降低衝突，並強調支持。因為團體的時間架構有所改變，加上住院病患承受了極大的苦惱，並感受到強烈的危機感，所以治療者必須提供快速而直接的支持。最直接的方式莫過於公開地感謝每一位病患的努力、企圖心、長處、正面的貢獻和所作的冒險。

例如，一位成員說他發現團體中有一位女性非常迷人，團體領導者必須明斷地支持這位成員所做的冒險。團體領導者可以問他：以前是否也曾對他人如此大方地表示讚美；或者也可以提到他的大方會鼓勵其他的成員敢於冒險，而去揭露他們內心重要的感覺。簡言之，領導者必須強調一個人的行為或防衛當中正向的、而不是負向的部分，例如，對於一個堅持要扮演「協同治療者」角色的病患，可以先給予正向的評論：他（她）如此做對別人是多麼有幫助；進而才對他（她）那無私（selflessness）和不願意向團體請求一些個人所需的態度作一個溫和的評述。

一個積極支持病患的團體治療者，會特別重視要幫助病患由團體獲得支持，尤其是那些令人討厭或易怒的病患。一位太過自我中心的病患，不斷地抱怨他的健康情形，或一個無法解決的情境性問題，很快地便會與團體疏遠。當治療者發覺這種行為時，必須儘快介入處置，來防止團體發展出敵意和排斥感，例如可以安排這位病患來介紹新進成員，或針對其他成員給予回饋，或嘗試著猜猜當天每個成員對團體的評價。

治療者也可以對病患易怒的行為作再框架（reframe），如說：「也許你也有一些需求，但是你卻無法開口跟人家要。我想你一直耽心你的健康（或你的財務、或你的丈夫等等），不也是一種跟團體要求些東西的方式嗎？」幫助病患把他（她）想得到團體注意的心意，統述（formulate）為一個明確的、特定的要求，常常也會獲得其他成員的正向回應。

治療者必須盡可能事先預料到團體中的對質與衝突，並加以避免。如果病患顯得激動易怒或一直在批評，治療者可以將病患部分的氣憤導向自己（「今天團體中有很多

成員氣呼呼的，是不是有甚麼事我可以改進的？」）。假如有兩位病患因敵對的立場而僵持不下，治療者可以提醒他們，當兩個人極爲相似或相互嫉妒時，才會常常便迸出一些火花。然後，可以邀請他們談一談，他們對彼此羨慕或嫉妒的部分，或討論彼此相似之處。

當治療者帶領一個極度退化的病患團體時，他們必須提供更多、更直接的支持；病患的行爲必須以某種正面的方式予以再框架。例如對一個不語的病患，可以謝謝他參加完整個會次；對提早離開聚會的病患，可以稱讚他坐了將近二十分鐘；而對那些不活躍的病患，也可以支持地讚許他在團體中能夠聚精會神。病患們不適當的、怪異的陳述，可以將其認定爲一種想要與團體溝通的嘗試。然後，團體的焦點必須和緩地從行爲偏差的病患身上轉走。

(三)強調「此時此地」（*Emphasizing the HERE-AND-NOW*）

儘管在住院的環境設施中，必須考慮到團體治療者的效率、活動力和支持力，但這並不表示：在住院病患團體中，「此時此地」的焦點（the here-and-now focus）不像它在門診病患團體中那麼重要。強調「此時此地」可以幫助住院病患學到很多的人際技巧，它們包括：

　　1. 溝通得更清楚
　　2. 與別人更接近
　　3. 表達正向的感受
　　4. 可以察覺自己讓人討厭的習慣行爲
　　5. 傾聽
　　6. 給人支持
　　7. 表露自己
　　8. 結交朋友
然而由於住院病患團體臨床處境上的限制（如治療期

限較短和成員的精神病理較嚴重），所以必須修訂團體在
「此時此地」的運作上的基本技巧。住院病患團體沒有充
分的時間可以修通（working through）各種人際的議題，
所以治療者應幫助病患找出其主要的人際問題，並且強化
他們在人際互動上的長處（strengths）。同時也要讓病患
瞭解，這種找出人際互動問題和正向增強人際長處的方
式，是要在單一團體會次（a single group session）的情境
中完成的。

㈣提供結構（*Providing structure*）

帶領急性住院病患團體需要有結構；急性住院病患團
體不容許有非指導性（nondirective）的治療者或無結構、
自由流動的團體。

團體領導者可用以下的方法來為住院病患團體提供結
構：

1. 教導病患讓他們知道團體聚會的性質和目的

2. 為團體建立一些很清楚的空間和時間的界線

3. 運用清晰和自信的個人風格，一方面讓混亂或焦慮
的病患得到保證而放心，另一方面則可建立一種結構感。

在住院的環境設施中提供結構，最有力、最明確的方
式就是，建立一個每次聚會都一致遵循的行事順序。雖然
不同的住院病患團體的聚會，依成員組成和團體的治療作
業而有不同的進行順序，但是以下幾點出卻是團體進行中
自然會出現的分際（lines of cleavage）：

1. 最初的幾分鐘：治療者明確地描述團體的結構。如
果有新成員（在急性住院病患團體經常如此），此時可向
他們說明團體治療的目的。務必明確地教導與「此時此
地」相關的事宜，例如治療者可以先跟成員解釋說：團體
心理治療之所以專注於人與人互動的方式，乃是因為人際

互動是團體最能發揮之處。然後，繼續解釋，團體達成人際互動最有效的方法便是去檢視成員間的關係。團體治療者必須強調，雖然病患來到醫院有許多各種不同的理由，但每一位病患都可以從學習如何與別人相處中得到好處。

2.治療作業的界定（definition of the task）：在每一次聚會中，治療者要負責決定對團體最有利的治療方向。例如，治療者可以傾聽有關當天病房發生的緊急事件，如病患逃跑，或新的住院醫師和醫學生報到。團體領導者也可以提供一個結構化的練習活動，例如幫助每一位病患擬定在這一次聚會中希望提出來處理的論題（agenda）[1]。一個「論題」的例子，就是一位害羞、內向、患有憂鬱症的年輕女子，想在團體中試著表達一些正向的感覺。

3.完成治療作業：治療者幫助團體提出在聚會之初所產生的議題或論題（issues or agendas），並鼓勵越多人參與討論越好。要去問問每個成員，他們對於逃跑病患的反應；幫助那位害羞的成員去找出讓她有正向感覺的成員，並表達出這些感覺。

4.最後的幾分鐘：團體領導者要指出團體工作的階段已經結束，剩下的時間是用來回顧和分析這次的會議。這是個總結的時段，也是「此時此地」焦點中的自省的迴路（self-reflective loop）（譯註：請見第六章圖一），此時治療者嘗試澄清發生在此次聚會中的團體互動，例如，當一位向來安靜、壓抑的成員，開放地表示一些正面的感受時，團體如何回應？公開討論病友的逃跑時，團體是甚麼情況？

㈤在病房圍境內工作（Working within the Ward Milieu）

在住院病患團體與病房圍境之間，存在一些半通透性的界線（semipermeable boundaries），對這些界線的調整

管理也是住院病患團體治療者一項很重要的工作。要完成這項工作，則需要對於表三所列的一些基本界線，在病患與工作人員之間（它是病房對病患行為的明確規則或期待的一部分），以及團體之內，訂立清楚的合約[2]。

當團體的治療作業、和環繞這些作業的界限（limits），能以這種方式清楚而明確地界定下來，住院病患團體就比較不會支離破碎，也比較穩定，而在更大的病房圍境中也可以保持它的完整性。再者，易受傷的潛伏型精神病（pre-psychotic）和精神病患者也可以避免經歷個人界線的混淆。

在一個變動不居的病房圍境中，如果團體沒有一種凝聚感，那麼便談不上治療了。團體的準時運作、可預期性（predictability）、對成員出席與表現的高度期望、以及每天的聚會（來減低團體組成巨大變動的影響），這些都對團體的凝聚力有所幫助。此外，如同在其他章節所描述過的，不論是在進入團體之前或在每次開會之初，澄清團體的基本理念與目標，以及向病患明確地說明這些目標，都

表三　住院病患團體治療在病房圍境中的基本界線

....

・與病患訂有清楚的契約規定守時與出席的事宜
・團體準時地開始與結束。
・確保病房中的團體時間（在團體時間內不要安排其他病房活動）
・保障病患出席團體的時間（不允許病患因為其他活動而無法參與團體）
・有清楚的準則來規範病患進入團體、參與團體、以及離開團體
・有一些穩固的界限（limits）來排除不容於團體的成員
・對團體中可被接受的行為訂有嚴格的規範
・教導成員對團體中討論過的主題要保密

....

可以在病房的圜境內添增團體的凝聚力[3]。

　　最後，治療者必須要記得：發生在急性住院病患團體中的各種精神動力和過程（dynamics and processes），常常會反映回病房的其他互動上，反之亦然，下面即是一個案例：

案例

　　一位愛操縱的變性慾病患，常常在病房的團體聚會中暴怒，他用討論性別認同來威脅其他成員，堅持別人要用女性的代名詞來稱呼他。於是團體的害怕與混亂，便在整個病房圜境對這位病患的反應上反映了出來：資深的工作人員開始順從這位病患一些不合理的要求，包括提供他單人房，特別允許他在白天去參加電解作用（electrolysis）的課程，與容忍他歇斯底里般的憤怒（這種生氣方式若發生在其他病患身上，很快就會被控制住）。

　　團體的領導者是一位第二年住院醫師，她最後終於可以對病患在團體中隱微的威脅行爲訂定界限（set limits）。但是這因爲病房的主治醫師在同僚會議中說出內情，並指出這個病患的各種惡行惡狀，他用這些方法挾持整個病房當作人質，以滿足他那些憤怒與自我中心的需求。這個例子顯示在住院單位裡帶領團體的治療者，必須要與單位的工作人員密切聯繫，以找出發生在病房圜境中、但會影響團體中互動的精神動力，反之亦然。

■四、團體的組成（Group Composition）

急性病房的病患族群是相當異質的（heterogeneous），不論是在正式的診斷上，或是自我強度、自我功能的整體水準上都是如此。如果在住院病患之間有任何相似處、或同質性（homogeneity）可說的話，那就是他們都是在危機中住進醫院的：他們都正經歷著強烈的心理困擾，很容易受到傷害，而且都面臨著日常生活和活動的嚴重紛擾。儘管住院病患都有很大的苦惱，但是其功能卻良莠不齊，所以並不是所有的人都可以在同樣的治療團體中進行治療工作。

舉例來說，第四次精神病發作並有幻聽、妄想的精神分裂症病患，與一位最近剛守寡、因患重鬱症而第一次住院的職業婦女相比，兩者定有極為不同的治療需求。想想看，急性病房中一群異質性這麼高的病患，都放在同一個團體裡面，要對每個不同的病患提出所有合適的治療目標，很顯然是不可能的。但不這樣，如果要把病患分開到不同的團體，我們又要根據何種基礎來分類呢？

亞隆（Yalom）在針對住院病患團體心理治療所提出的詳盡模式中，他提出了團體組成的問題[1]。他建議在病房裡一定要有兩類團體：一是小組團體（team group），它包括所有的病患，而不在乎其診斷或功能等級為何（它每天舉行、是強制性的、異質性的團體，大約有6-10個成員），另一是分級團體（level group）這是以功能高低來作區分的。

小組團體的例子如下：在一個20床的單位，病患們被隨機分配到兩個小團體，每個團體都由病房的一位護理人員與一位住院醫師帶領。這種小巧且異質的團體，在每天

早上開會，採取內容導向（content-oriented）的運作方式，著重於處理外在的問題，包括：一些重大的圜境（milieu）議題，和病患的迎新送舊。這種團體的目的是提供一個安全的、溫和的、非人際互動導向的形式，在這兒所有的病患都可以分享問題、給予建議、並互相支持。除了非常干擾的病患以外（例如急性躁症的病患），每一位病患都強制要參加。許多不同診斷的病患因而混雜在一起，彼此可以見面而有所互動。病房裡每一位病患，即使是先前抗拒參與團體的病患，也都能獲得團體的經驗。

　　第二種形式的團體是分級團體（level group）：它是同質性的團體，是依據自我強度（ego-strength）和整體功能（overall functioning）的等級而形成。畢竟，不同種類的住院病患對團體治療的需要及所重視的面向自然會有所差異。

　　有研究指出，憂鬱症病患評價最高的是那些可以解決問題，並且鼓勵聚焦於外在重要事物的團體。而精神分裂症病患則比較喜歡參加非口語、活動導向的團體〔4〕。即使是同一個病患，在相當短的住院期間內，也可能透過各種不同的治療方式而有所進展，他會使用到各個不同種類的團體。在此將小組團體與分級團體的基本特徵以對比的方式列於表四。

(一)低功能病患的分級團體（*Level group for lower-functioning patients*）

　　在低功能病患分級團體中，病患是較退化、退縮、或紊亂的。團體一次聚會的時間較短（約45分鐘）、是高度結構化、活動導向的。低功能分級團體的目標是：經由對當下環境的正確覺察，來鼓勵與現實的接觸，並促進自我功能的改善。有許多日常生活的技巧，和基本社交的議題

表四　住院病患的小組團體與分級團體的特徵

小組團體	分級團體
所有病患均參加	只有某些病患參加
強制參加	參加者通常是志願的、定有契約
病患被隨機地均分到各小組團體去	病患依功能等級分配到團體去
一早就開會	白天較晚的時候開會
每天見面	每週見面 3-4 次
由輪值的病房醫護人員帶領（被分派到醫療團隊的精神科住院醫師、治療師等）	由較穩定、訓練有素的治療師帶領：嘗試讓領導者更有連續性
著重內容導向、外在的議題的處理	選擇適合病患功能等級的方式來促進人際的參與

常常被提出，包括預算的規劃、採購、學習如何開始與進行一個簡單的談話、如何處理一個求職的面談等。團體領導者有時會用到教導（didactic education）。

　　一個典型的低功能分級團體的聚會情形如下：成員是被強制參與的；團體領導者一開始先讓病患自我介紹，然後說明該次聚會的主題（topic）或團體治療作業（group task）。例如：告知團體今天成員們將要學習如何增強自尊；針對這個治療作業，治療者可以給予特定的指示，如要求每一個成員輪流地告訴團體，最讓他（她）引以為傲的個人特質是什麼。然後直接了當地徵求每一位成員給予支持性、正向的回饋：「麗娜剛剛告訴我們，她對自己可以很快結交朋友的能力引以為傲。美琪妳認為麗娜如此友善是甚麼原因？」假如美琪用含有敵意或不恰當的態度回答，如：「麗娜是喜歡交朋友，但她常常是希望從他們那兒獲得一些東西」，治療者要很快地解除這種緊張的狀

況，不要試圖讓團體了解為什麼美琪會給麗娜這樣的回饋，反而要說：「似乎美琪也注意到麗娜很容易交到朋友，這種特質是我們大家都想擁有的。」

低功能病患團體是相當內容導向的，因此很少評論成員間的互動。團體治療者必須密切監視團體焦慮的程度，以防止人際間和感官上有過度的刺激的現象發生（例如，假設有爭吵的跡象出現，就要把焦點從麗娜身上轉移開來）。在團體內和團體外調適不當的行為都應加以確認、將其提出、且不予以鼓勵。（「美琪妳對麗娜說了一些正向的話，但之後卻離題了。今天我們只要練習正向的回饋，你能不能對麗娜的友善再試著做一次評論？」）

亞隆曾描述過一種特別為低功能病患量身訂做的互動團體的形式，稱之為「焦點團體」（Focus Group）。透過領導者個人細心的引導，以及採用結構化練習的團體形式，來促進安全的、支持性的、較沒有壓力的人際參與。典型的練習活動與六個領域有關，亦即：自我揭露、同理心、「此時此地」的互動、教導性的討論（didactic discussion）、個人改變、解除緊張（減壓）的遊戲（如表五）。治療者依據自我強度和整個團體的功能，靠著改變成員對內容／過程比（content /process ratio）的注意，來調整團體中互動的強度。

表五　低功能團體（焦點團體）中結構性練習活動的例子

⋯⋯⋯⋯⋯⋯⋯⋯⋯⋯⋯⋯⋯⋯⋯⋯⋯⋯⋯⋯⋯⋯⋯⋯⋯⋯⋯⋯⋯⋯⋯⋯⋯⋯⋯

1. 自我揭露（self-disclosure）：
　　要求成員完成一個或多個簡短、扼要的句子，這過程中便會涉及到要對某個主題做一些安全的自我揭露，例如：
　　「我最喜歡的嗜好之一是＿＿＿＿＿。」
　　「上一次我大發脾氣的時候是＿＿＿＿＿。」
　　「我最得意的成就之一是＿＿＿＿＿。」

「當小傑昨天在病房裡威脅要傷害某人時，我覺得＿＿＿＿。」

可以要求成員兩個人一組，先互相分享答案。然後回到大團體，成員大聲唸出他們自己或同伴的答案。鼓勵團體對每個成員的答案分享他們的反應。

2. 同理心（empathy）：

收集一些雜誌上的圖片放在房間的中央，要求成員選兩張他們認為坐在他們左邊的成員會喜歡的圖片。然後，成員輪流向團體展示他們選的圖片，並且解釋為什麼會認為坐在他們左邊的人會喜歡它們。

3.「此時此地」的互動（Here-and-now interaction）：

要求成員兩兩配對，然後要他們去「找出你們之間兩點相同的地方和兩點不同的地方」，然後要每對成員跟其他團體成員分享他們的發現。

4. 教導性指示（Didactic instruction）：

治療者針對團體有興趣的主題，引導成員作一個簡短、重點式的討論（例如生氣、緊張關係、溝通技巧）。這種討論可以與一個特定的治療作業合併進行，或在其前進行。例如，「請寫下良好的人際溝通的三個要素」。

5. 個人的改變（Personal change）

要求成員完成兩個句子：

「我想要作自我改變的是＿＿＿＿＿＿。」

「如何開始進行改變？我的想法是＿＿＿＿＿。」

然後成員兩個配對，分享他們的答案，並共同想出一些如何開始改變的建議。之後回到大團體，請成員呈現彼此的答案，要求團體給予更多的建議。

6. 解除壓力（減壓）的遊戲（Tension-relieving games）

要求成員互相仔細地觀察幾分鐘，安排一位成員暫時離開團體室，而另一位成員稍微改變一下他（她）的外觀（如拿下眼鏡，或與其他成員交換寶石，或把袖子捲起來……等等），被安排暫離的成員回到室內，要求他指出這些改變。

經由指定的、間接的、內容導向的方式，而不是用直接的、過程導向的方法，來鼓勵人際互動的過程是低功能分級團體的標誌。這類團體是以現實感差的精神病患者為

主，用這種方式來保護易受傷的病患，避免因人際的親密感（interpersonal intimacy）造成驚嚇和崩解，而加重他們原本退縮的傾向，或出現退化的行為。

　　配合那些有自我功能缺損（impaired ego functioning）的病患所組成的同質性住院病患團體，是治療慢性精神病（chronic psychotic illness）患者的最好選擇。這類病患一般來說，在異質性的住院病患團體裡表現都不好，而在病房的社區會議中也無法執行團體的治療作業，因而會被其他成員認為具有干擾性。這會惡化精神病患者原本就很強烈的疏遠、孤立的感覺，而團體便會變成另一種挫敗的經驗。然而若是在一個團體中，各種團體治療作業都是特地為低功能病患所設計的，例如學著記住其他成員的名字、執行不具有威脅的結構性練習活動、討論藥物的作用、以及日常生活的問題；同時在這種團體中，正向的人際互動乃是執行這些團體作業的愉快結果。這樣便是一種成功的團體經驗[5]。

㈡高功能病患的分級團體（Level groups for higher-functioning patients）

　　高功能病患的分級團體，其設計的目的是要在住院病患團體的「此時此地」縮影（microcosm）中，促進病患的人際互動和人際學習。這種團體適合非精神病患者（non-psychotic patients），他們要能容忍一個過程導向團體（a process-oriented group）中的人際張力（intensity）和刺激，而且他們要具備必需的專注力和注意力來參與這種團體聚會。一個為高功能的急性住院病患而設計的團體模式便是「論題團體」（Agenda Group）[1]。

　　團體領導者在「論題團體」剛開始的時候，會先幫助每一位病患統述出（formulate）一個自願在團體中提出的

人際論題（interpersonal agenda）。假如一位病患提出：「我想要更貼近我的感覺」這樣的論題，治療者便開始以疑惑的口吻來幫他模塑（shape）這個論題：「阿丹，今天我們如何幫助你在團體裡更貼近你的感覺？今天下午，是不是有什麼方法，可以讓你更容易在這團體中與我們分享你的感覺？」每一個論題都必須被模塑成一個個人的、特定的、「此時此地」的關切事項，這工作可以藉由其他的成員的幫助，在團體中以面對面的方式來處理。（參考表六論題的例子）。

　　輪流提出論題（round of agendas）大約要花三十分鐘，或佔掉團體約三分之一的時間。論題可迫使各種模糊的抱怨與關切變得較特定，且以一種清楚、連貫的方式被大聲地說出來。病患被迫要對他們在團體聚會中的工作負

表六　高功能分級團體（論題團體）中人際論題的一些例子

．．

1. 病患：「我希望更清楚的了解別人如何看我？」
   治療者：「你願不願意從今天的團體成員中，針對他們如何看你，接受一些回饋？在這房間內，你特別想要從誰那兒得到回饋？你為什麼會希望對別人如何看你有一個更清楚的印象呢？」
2. 病患：「我希望可以對別人表達一些感覺，而不要什麼事都藏在心裡。」
   治療者：「今天在團體中，你希望試著跟我們表達哪一種感覺？當它們在今天的聚會中出現的時候，你願意表達出這些感覺嗎？我們能不能在聚會中經常檢視一下你當時有何種感覺？」
3. 病患：「我要學習更能自我肯定」
   治療者：「你能否在今天的團體內試著肯定自己？你能否試著為自己要求一些事情，例如你希望在團體裡待多久？你願意試著在說出一件你平常會隱瞞起來的事？」
4. 病患：「我希望不要感到那麼寂寞，與別人那麼隔閡？」
   治療者：「在這個團體內，你感覺和誰有隔閡？你願不願意說說看你

是如何避免與別人太過親近？你願不願意趁著今天在這團體裡，嘗試
一些不同的方法來接近人們？你願不願意接受別人對你如何與人產生
距離所作的一些回饋？

起責任，而做一些無用的交頭接耳、傳遞八卦與沉默的現
象便會因而減少。

在輪流提出論題（the agenda go-around）之後，治療
者接著要花 30-45 分鐘的時間，運用明確的「此時此地」
的焦點，來幫助成員「充實」（fill）其論題，例如：「阿
丹，小羅剛剛告訴我們他最近剛離婚，而你的論題是想利
用今天在這裡與我們分享你的感覺，那麼就先談談看小羅
的評論對你造成什麼樣的困擾嗎？」或更好的方式是對整
個團體說：「小羅剛告訴我們他痛苦的離婚事件，有什麼
方法可以讓這件事對阿丹的論題有所幫助？」「此時此
地」的焦點可以增進團體當下的互動，因為每個病患都已
提出一個論題，它們都必須在聚會裡，透過其他成員的幫
助來作處理。這種團體治療作業所帶來的向心力，可以讓
病患們很多不同的論題，同時被處理到。

團體領導者在每次會議結束前，要在每個成員面前、
就在團體聚會的現場，作一個回顧。協同治療者與任何一
位用心看過團體的觀察者（如學生、住院醫師、心理衛生
的受訓人員、病房工作同仁）都可參與這個回顧。團體領
導者公開地討論他們所做的各種介入處置、以及每一位成
員的論題的成功處，主動地支持病患對治療的所作的努
力；觀察者則在這個過程當中提供回饋：「今天，在我們
詢問阿丹他對小羅的故事有何感覺後，我發現他確實與我
們分享了一些感傷-----我很高興素珠告訴阿丹，那件事使
他變得較有人性，而且和我們也不那麼疏離了。」或「當

我們從這單面鏡在觀察你的時候，當時只有瑪麗對小羅的故事反應最強烈，我們很想知道你為什麼介入，且去詢問阿丹的心情？」

讓論題團體（agenda group）的成員觀察治療者回顧聚會時，會產生三個方面的影響：

1. 它可去除心理治療過程的神秘性。

2. 它提供了認知的架構，且在成員離開團體之前，不去刺激他們。

3. 它可幫忙每次的會議儘可能是獨立自足的（self-contained）；團體的時間架構縮短為單次會議，這樣可減少因為每天病患組成的改變所造成的影響。

急性住院病患團體治療，常常會避免去使用「此時此地」的技巧，也許因為它們被誤以為是等同於對質和衝突。事實上，這種方法是一種具有高度支持性的、而且是有效的經驗，特別適用於對那些因為無助感、孤立感，和疏離感而被壓得喘不過氣來的病患。人際學習的刺激以一種正向而具治療性的方式出現，可讓病患對其行為產生一種掌控感（sense of mastery），而且經由利他性這個治療機轉，讓他們覺得能對別人有所幫助。假如有任何該警覺注意的，那就是如同低功能團體，治療者需要對那些潛在的、易爆炸的和生氣的情境保持警覺，而且當它們發生的時候，便需要快速地加以遏止。

第二節　慢性住院病患團體

在一個大型機構，如榮民醫院、感化場所、或公立精神科醫院，任職的醫師可能發現他們所面對的是：在那些住院病患團體中，成員們都已經在那個治療環境設施當中

待上數星期或數個月之久了。

　　慢性住院病患團體顯示不同的特色組合。一方面它們在臨床上的一些局限（clinical constraints），與我們先前所描述的急性住院病患團體的情形有些相似，其所面對的事實包括：圜境（milieu）是開放的、團體外的社交活動是無法避免的、病患是因爲受到一些嚴重問題的困擾而必須住院、由於團體是規律而頻繁地在舉行，有時它便會成爲表達住院壓力的唯一場所（表一）。而另一方面，與急性住院病患團體不同的是，在慢性病房裡，病患的族群比較穩定，所以在團體成員的組成和圜境的組成上，都有一定程度的可預期性和連續性。

■一、臨床情境和目標（Clinical Situation and Goals）

　　自一九二〇年代起，團體心理治療即開始運用於慢性住院病患身上，這幾年的研究也顯示它在減少心理疾病（psychological morbidity）上是有效的。雖然抗精神病藥物的出現改變了精神病的臨床表現，研究指出團體心理治療與藥物治療會相互增強彼此的效果：也就是當藥物與團體治療合併使用時，可以增加精神分裂症的治療成功率[6]。另一個研究指出：精神分裂症病患接受團體心理治療加上抗精神病藥物治療，兩年之後的比較發現：在社會功能及行爲方面的改善，以及再住院率的降低上，他們的效果都比接受個別心理治療加上藥物治療的病患好得多[7]。換句話說，對慢性精神病患而言，藥物並不能取代團體心理治療。

　　精神分裂症病患的團體治療如果會有困難，那是因爲某些內在的臨床因素，而不是團體這種形式所致。例如，精神病患者時常會有活躍的幻覺、妄想、紊亂的行爲、不

語或人際退縮；而且他們也深受過度的害怕和對人的不信任所苦[8，9]。慢性住院病患團體還有不少外在局限（extrinsic constraints），它們包括團體治療團隊人員的問題（如人手不足的問題）和人員不願多花時間在團體治療的工作上的現象。

下面列出幾個在帶領慢性住院病患團體時所會碰到的困難：

1. 病患會因為妄想性意念，以及無法將領導者與其他權威人物區別開來，以致於對領導者有強烈的敵意和矛盾的態度。

2. 團體在發展自主性和凝聚力上會有不少嚴重的問題。

3. 在慢性精神病患之間，溝通往往會受到壓抑和扭曲。

凝聚力和自主性，在這樣的團體是非常不容易達到的，因為成員常常會討厭參加團體，並會藐視團體。他們也會對團體領導者有很強的依賴，而且受治療者許可（therapist approval）的影響遠高於團體的壓力（group pressure）。另外一個因素是，成員幾乎不可能會自動地去遵守團體的規範，他們必須靠治療者不斷地耳提面命才行。

在慢性精神病患之間溝通是有限的，而且時常被扭曲。個別成員所做的評論在本質上常常是自閉性的、無法形成共同的主題、甚至根本與團體的事件無關。獨占者（monopolist patient）常會出現，而成員們也無法處理得當。自殺意念和存在性的絕望，時常會出現而且具有傳染性。在這些危機當中，成員可能會退縮，或表現出衝動與破壞行為。病患會將他們自己內在的心理衝突投射到團體

中，但又無法接受治療者對他們團體中的行為（group be-
havior）所作的詮釋（interpretations）。

　　雖然有這麼多臨床上的困境，但治療者必須要時時銘
記於心的是：對大多數的成員而言，團體是唯一能夠提供
他們體驗真實、連續和一致性的社會經驗的場所。這些病
患必須在有限制和有壓力的環境下，一起生活很長的一段
時間，而團體心理治療如果做得好，可以減少一些日常的
摩擦，而滿足病患們對友誼及人際關係的情緒需求。治療
因子如普同性、利他性、模仿行為及社交技巧，在治療這
群病患時會顯得格外突出。

　　因此（這些慢性住院病患）團體的目標包括：

1. 學習如何與別人建立更好的關係。
2. 學習如何更有效地處理自身的問題，如衝動的控
   制、幻聽、及多疑。
3. 分享有關藥物、居家、和治療機構的資訊。
4. 計畫出院事宜。

■二、治療作業與技巧（Tasks and Techniques）

　　慢性住院病患治療團體，必須包括 4 至 8 人，超過 9
人的團體就不容易處理，特別是當病患非常干擾或有激躁
的行為時。出席必須是強制性的，而且可以用咖啡和小點
心當作出席的額外酬賞，來增強病患參與的動機。

　　每次聚會中，尤其是有新病患時，團體的目標和規則
必須一再重覆說明，並可讓一兩個舊成員作摘要說明而加
以強化。這樣可提醒成員有關團體的規範，且能將該會次
的焦點集中在一些相關的議題上。這也可讓新成員知道能
討論的一些主題，例如幻聽或相信某個邪惡計謀的存在。
這樣可以向新成員表示：並不是只有他們才有精神病症

狀，因而增加團體的凝聚力。表七列出在每次聚會時必須
積極予以強化的團體規則。

表七　慢性住院病患團體的行為規則

- -

1. 病患必須準時參加
2. 病患必須全程參與聚會直到結束
3. 不允許大聲謾罵或出現威脅行為
4. 病患不應破壞會議室內的家具或其他物品

- -

　　治療者在帶領這些慢性病患時，必須比在急性住院病
患團體中更爲主動、更具支持性、更能變通。他們必須清
楚而直接地鼓勵病患間的互動，特別是那些助人及利他性
的互動（「可文！你是否能告訴小麥如何去拿到免費公車
證的方法？」）。盡可能隨時去促成溫和的「此時此地」的
互動（「阿森！今天是誰提供中途之家（residential treat-
ment center）這個有用的建議給大家的？」）

　　偶爾，團體領導者可以明智審慎的態度來使用治療者
的透明化（therapist transparency）。這是一種角色示範
（role-modeling），將可鼓勵成員們的模仿行爲，如說：
「我自己很清楚，對我而言，要搬到一個新的地方，總是
有如登天，但是在請教過別人一堆問題和結交一些新朋友
之後，它就變得容易多了」。另外，治療者的直率和坦誠
也可以幫助病患增加現實感，並矯正扭曲的移情作用：
「不，我並沒有在這裡偷錄音，好向榮民醫院的警察回
報。我在此是以你們的醫師的身份在帶領團體，並且會負
責保守會議的秘密。」

　　病患可能在團體聚會時對妄想或幻覺作反應；此時團

體領導者必須立即介入處置，如果可能的話，可要求其他
成員對這名病患作回饋和指導。另一個常見的困難是團體
被一位情感特徵較明顯的（通常是躁症的）病患所獨占；
這樣的病患將會在團體中講個不停，並威嚇到那些害羞、
內向的精神分裂症的病患。如果他們太過干擾（破壞性太
強）時，最直接了當的方式，就是請這樣的病患離開聚
會。

　　總之，慢性住院病患團體，必須調節到在社交上具有
支持性和不具威脅性。治療者的工作包括下列三個主要部
分：

　　1. 盡可能以各種方法去鼓勵成員間的互動。

　　2. 促進利他行為。

　　3. 技巧地、但是強力地介入，去控制干擾（破壞性）
　　　行為。

　　雖然具有挑戰性，但慢性住院病患團體是可以讓精神
科長期住院病房的日常生活品質獲得大幅的改善，另外它
也有助於病患的出院準備，當他們一出院便可順利接受後
續照顧[10-12]。

參考資料

1. Yalom ID: Inpatient Group Psychotherapy. New York, Basic Books, 1983
2. Leszcz M: Inpatient groups, in American Psychiatric Association Annual Review, Vol. 5. Edited by Frances AJ, Hales RE. Washington, DC, American Psychiatric Press, Inc., 1986
3. Maxmen JS: Helping patients survive theories: the practice of an educative model. Int J Group Psychother 1984; 34:355-368
4. Leszcz M, Yalom ID, Norden M: The value of inpatient group psychotherapy and therapeutic process: patient's perceptions. Int J Group Psychother 1985; 35:177-196
5. Kanas N, Rogers M, Kreth E, et al: The effectiveness of group psychotherapy during the first three weeks of hospitalization: a controlled study. J Nerv Ment Dis 1980; 168:487-492
6. Kline N, Davis J: Group psychotherapy and psychopharmacology, in Comprehensive Group Psychotherapy. Edited by Kaplan HI, Sadock BJ. Baltimore, MD, Williams & Wilkins, 1971
7. O'Brien CP, Hamm KB, Ray BA, et al: Group vs. individual psychotherapy with schizophrenics. Arch Gen Psychiatry 1972; 27:474
8. Kanas N, Barr MA: Homogeneous group therapy for acutely psychotic schizophrenic inpatients. Hosp Community Psychiatry 1983; 34:257-259
9. Barr MA: Homogeneous groups with acutely psychotic schizophrenics. Group 1986; 10:7-12
10. Payn SB: Treating chronic schizophrenic patients. Int J Group Psychother 1974; 24:25
11. Rosen B, Katzoff A, Carrillo C, et al: Clinical effectiveness of 'short' vs. 'long' stay psychiatric hospitalization. Arch Gen Psychiatry 1976; 33:1316-1322
12. Mattes JA, Rosen B, Klein DF: Comparison of the clinical effectiveness of 'short' vs. 'long' stay psychiatric hospitalization, II: results of a three-year post-hospital follow-up. J Nerv Ment Dis 1977; 165:387-394

門診病患團體

門診病患團體（outpatient groups）在其運作的臨床情境、目標（goals）、以及所使用的各種技巧上都可有極大的差異。依據團體主要的目的（aims）或主題（thrusts），我們可將它們分爲四大類：

　　1. 人際互動與精神動力導向團體（interpersonal and dynamically oriented groups）

　　2.行爲與教育導向團體（behaviorally and educationally oriented groups）

　　3.支持團體（support groups）

　　4.功能維持與復健團體（maintenance and rehabilitation groups）（請見圖一）

雖然這種分類法具有教育啓發和疾病分類（heuristic and nosological）的功能，但各種的門診病患團體在其目標上，其實有極大的重疊之處。例如一個爲物質濫用者所開的團體，其焦點主要放在各個明確的（各別的）行爲（discrete behavior）的改變上，而教育的部分則側重於對成員的支持；有時候，團體的焦點則可能完全只放在功能的維持與復健上。又如一個針對慢性精神分裂症患者的復健團體，有時或許會運用和緩的人際學習（技巧）。僅管有上述這些限制，圖一所概述的分類法（taxonomy）可讓我們

了解到林林總總的團體之間所共有的相似處，並可將那些相似處轉化爲一個藍本，運用第七章所說的三個基本步驟，來修飾所要使用到的團體技巧。（譯註：第七章第一節：各種急性住院病患團體，一、二、三、小節）

　　嚴格來說，許多這類有特定對象（特定化）的團體（specialized groups）並非門診環境設施（setting）中的專利。行爲與教育導向的醫療專科團體（medical subspecialty groups）、飲食疾患團體、以及物質濫用團體，在許多的住院病房裡也很管用，數量也逐漸增多。

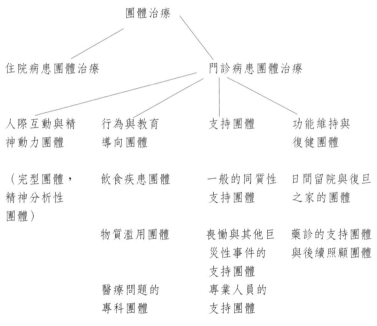

圖一　各種門診病患團體的分類

第一節　人際互動與精神動力團體

■一、臨床考量與目標（Clinical Considerations and Goals）

在本書中，從頭到尾，我們都以人際互動與精神動力導向團體作爲團體的標準型式（原型，prototype）；然而很多其他形式的團體治療也都是基於一些類似的原則：某些治療團體，如心理演劇團體、完型（Gestalt）團體以及精神分析導向（psychoanalytically oriented）團體，它們的目標都是想更進一步地瞭解病患們的潛意識動機（精神動力）及其人際互動。

高功能的病患才適合參加這些種類的團體，而且他們要有一定程度的病識感以及想要改變的動機。病患所陳述的問題或其主訴往往較模糊、較廣泛，例如「與他人關係不好」、「不容易與別人親近」、「鬱卒」、「與異性相處有問題」、「夫妻失和」、「我的人生很不順遂」、「沒辦法感受到真正的情緒」等等；治療者必須要能夠將這些模糊的抱怨轉譯（translate）爲人際互動的語言。事實上，這些主訴（chief complaint）往往根本不是真正問題之所在，例如有個人一直抱怨他長期爲憂鬱和焦慮所苦，後來團體領導者才明白到，他實際上是在顯示許許多多深藏心底的怒意和被動攻擊的（passive-aggressive）行爲。

團體領導者必須避免被捲入那些重現或反映病患的精神病理之互動當中。例如一個能言善道而頗具威嚴的企業主管，對於他的愛情生活感到不滿意，據他說，他所吸引的女性不是「想要他的財產」就是「在糾纏他」；在參加

一個治療性團體不久之後，他就開始抱怨團體進行的「步調不夠快」，並揚言要退出團體，讓那個團體的女性治療者及其他成員很難去說服他留下來。

　　若從隱於成員背後的問題或精神病理（pathology）的角度來看，人際互動與精神動力導向團體的成員組成異質性相當大，但在其他方面，如自我強度（ego strength）、心理性審度的能力（psychological mindedness）、想要改變的動機、以及容忍人際刺激（interpersonal stimulation）的能力上，這些成員倒又十分類似。因此，這類團體的目標不只是要解除病患所呈現的症狀或主訴而已（因為如前所見，它們實際上可能並未反映出隱於背後的問題之真正本質）；這些團體意在造成性格的改變，進而產生人際行為上的長久改變。為了要達成這個目標，人際學習（interpersonal learning）將成為這類團體的運作中，最重要的一個治療因子。

■二、治療作業與技巧（Tasks and Techniques）

　　大多數的人際互動與精神分析性（psychoanalytic）團體每週聚會一到兩次，每次九十分鐘。最理想的成員總數是 8 名病患：也就是四男四女，加上一對男女治療者的組合；畢業的病患（graduating patients）則由新的成員來遞補，但團體依然相當穩定，因為大多數的成員為了要獲得真正的治療性改變（therapeutic change），他們都會在團體裡待上個一、兩年。

　　每個成員都有責任要在每個會次（session，每次聚會）開場時提出主題（topics），並要負責對會議的過程作自我監測（self-monitoring the process）。至於會議與會議間的連續性（continuity）則需要團體領導者的鼓勵，他

（她）可以在各會次（各次聚會）進行當中，作開會過程的評論（process comments），以及（或）在各會次之間，以書面摘要（written summaries）來促進連續性。

協同治療者們最重要的一個任務便是要去澄清與詮釋「此時此地」的種種事情（the here-and-now）。這些詮釋的確切風格和措辭或多或少會受到團體領導者意識形態與該團體類型（如完型團體、精神動力團體等）的影響。有些團體領導者喜歡在每次聚會結束前才作一個總結性的說明；有些領導者則是每當有人表達出很強烈的感受時便介入處置（intervene），因為這種情況，舉例來說，意味著成員們在試圖要瞭解團體中所發生的事情時，會暫時退避於一角。某些團體治療者要等到自己完全瞭解團體過程後，才會開始作詳盡而完整的詮釋（interpretation）；而有的人則是很早便介入處置，說些基於直覺的看法，或作一些暫時性、部分的解釋（explanations）。

對治療者而言，進行團體過程的詮釋（process inter-pretation）最有效的方法便是：親自出馬，但只是把手邊的資料加以摘述，而後則要求成員們自己提出解釋（ex-planations），因為這樣便可樹立一個典範，使團體成為一個自動自發、可以自我監測的團體。例如，治療者可說：「我不很確定今天團體到底發生了什麼事，但是我發現到飛鴻和大羅一直在看手錶；還有每當小董在說話的時候，茱莉便和念傑眉來眼去的。到底是怎麼一回事，不知道你們有什麼想法？」

澄清性或詮釋性評論的用字遣詞（phraseology and voca-bulary）或許會因為治療者意識型態的派別而有所不同，但是，這些評論的目的卻是相同的，且只有一個，也就是要讓成員們對於團體中「此時此地」互動所獲得的一些資料，能

夠瞭解並加以消化吸收。透過團體領導者（以及其他成員）
對團體過程的評論，可以讓病患瞭解到他們的自我呈現
（self-presentation）、瞭解到他們對別人的感受和想法之衝
擊，繼而是對其自我價值感（self-worth）之衝擊。

當病患們充分理解（grasp）到他們對團體中這一連串
事件所應負的責任，同時也能將此類推到人生當中（的種
種事件）時，接下來他們便要努力克服心中的疑慮：「我
對這樣的結果滿意嗎？」，而治療者一路護送病患們度過
這一連串的事件後，便累積了相當大的治療力量，可以用
來幫助每個病患對他（她）的人際生活產生持久性的改
變。

第二節　行為、認知與教育導向團體

　　行為、認知與教育導向團體都著重於在一個既定的行
為模式中，讓各個明確的（discrete）行為發生改變。雖然
這些團體可能會、也可能不會明確地（explicit）使用行為
或認知治療中一些特定的技巧，但它們都有類似的目標，
就是要促使病患改變其調適不良的（maladaptive）行為，
而且它們常有些共通的特色，如結構化的本質、封閉式的
成員組成、以及有期限的團體療程（time-limited in dur-
ation）。下面有三個代表性的例子，即：飲食疾患團體、
物質濫用團體、及醫療專科問題團體（medical subspecialty
problem groups）。

　　這些團體雖各自運用一些不同的治療因子，但是它們
都很倚重以下三個因子，亦即：凝聚力（cohesiveness）、
普同性（universality）以及資訊的傳授（imparting informa-
tion）；同時它們也很常運用一些認知--行為策略，來減少

調適不當的行為。此外有些團體會適度地使用人際學習或自我瞭解這兩種治療因子。

■一、飲食疾患團體（Eating Disorders Groups）

(一)臨床考量與目標（*Clinical considerations and goals*）

飲食疾患團體包括了肥胖症病患團體、神經性厭食症病患團體、以及暴食症病患團體。尋求治療的肥胖病患，從純粹為了塑身而想減肥者，到因患有各種內外科病症而合併肥胖者都有；他們在教育水準、社經地位以及人際互動的背景上亦互有差異。

厭食症患者（anorexics）與暴食症患者（bulimics）一般都是年輕女性，她（他）們多半具有高學歷、屬於較富裕的社經階層、而且常會被人形容為「高成就者」（high achievers）和「完美主義者」（perfectionists）。這兩類病患都有自體形象（self-images）的扭曲（如「我太胖、且沒有吸引力」），並且都很關心一個議題，也就是有關自體（self）和進食（food intake）的控制與失控（control and loss of control）。但無論如何，在同一個團體裡，不應該將節制飲食的病患與暴食症的病患混雜在一塊[1,2]。因為當這兩類病患在一起接受治療時，很容易撩起強烈的競爭，厭食症患者的飲食信念系統像是一道極其堅實、牢不可破的城牆，因此她（他）們過輕的體重對其他非厭食症患者而言，乃如一種揮之不去的耳提面命，時時刻刻在提醒著：你們所設定的理想體重的目標是多麼不合理啊！

飲食疾患的病患，不論是病態性肥胖、厭食症、或暴食症，都不會輕易向他人吐露其異常的飲食行為，以及她（他）們對身體形象和食物的強迫性關注（obsessive concerns）。對於這類病患，團體治療的主要目標之一便是要幫助他們去分享這些關注；其次，是要協助這些病患去監測並瞭解他們的飲食行為（請見表一）。

(二)治療作業與技巧（*Tasks and techniques*）

飲食疾患團體一般是由 6--12 名成員組成，聚會的次數事先都已定好（通常是 8--16 次）。若從診斷、性別和年齡層來看，厭食症和暴食症團體的成員組成（membership）同質性極高，而肥胖症病患的團體則較為異質。飲食疾患團體並不接受合併患有其他第一軸精神疾病的患者。治療者應該每次都像在進行第一次聚會（first session，第一個會次）那樣，熱情賣力地去鼓勵成員們針對身體形象和進食（兩項議題），就個人的實際狀況作討論（factual，personal discussions）。因為纏繞在他們異常的飲食行為周圍的密秘和羞愧，讓飲食疾患的病患體驗到自我揭露（self-disclosure）的過程是個非常有力的經驗。自我表白（self-revelation）可促進團體初期的凝聚力（cohes

表一　飲食疾患團體的一般性目標

‧對異常進食習性作自我揭露（self-disclosure）
‧對身體形象作自我揭露
‧對於自尊、各種自我控制的議題、身體形象、以及各種飲食習性之間的關係作更深入的瞭解
‧辨認出那些會激發異常飲食行為的暗示線索（cues）
‧辨認出與異常飲食行為相關的各種情感（affects）
‧針對（有益）健康的營養、運動、與新陳代謝的基本原則，給予衛教
‧找出與飲食疾患相關的各種人際困難（interpersonal difficulties）

iveness），也鼓舞了普同性（universality）（感受的產生）。公開地討論扭曲的身體形象或異常的進食行為，也會迫使成員承認並接受這些情形便是他們疾病的基本特色。

各種認知─行為技巧常與針對疾病本質的教育合併運用，不論是肥胖症、神經性厭食症或（暴食症的）即吃即瀉（bingeing-purging）都適用。團體治療者不但要教導病患在他們的日常生活裡，去找出那些會激發不正常飲食行為的暗示線索（cues）（例如，在接到母親打來的一通電話後，倍感壓力便大吃起來，一口氣吃光了一袋的餅乾），並且要教導他們改變對於自己身體和食物所慣有的思考模式（例如「若是我的體重超過 100 磅，我的臀部就會看起來很肥」）。團體領導者也可教育成員們一些關於營養和新陳代謝的基本原則。

大多數的團體方案（group programs）會運用自我監測（self-monitoring）的技巧，來幫助成員們去瞭解那些會影響他們飲食行為的因素。團體領導者可要求成員們每天寫日記，並記錄進食的時間和數量、以及那些會觸發（trigger）進食的和在進食前後所出現的各種想法及感受；（透過這種過程）病患學著去找出那些會導致大吃或催瀉（bingeing or purging）的情境因素與心理因素，同時他們便會察覺到與這些發作（episodes）有關的種種認知和情感（cognitions and affects）。（接著）治療者要求每位病患，要與團體中的其他成員分享其發現，此將有助於認同（identification）和代理學習（vicarious learning）（作用）的產生[3]。

另一方面，團體領導者可以透過一種富有教導意味的方式（didactic fashion），來幫助成員們找出並矯正他們在

飲食、自尊（self-esteem）、以及身體形象上種種扭曲的認知（例如「你相信你的父母親只以你的外表與成就，而感到榮耀。」）；治療者也可以透過「此時此地」的方式，鼓勵病患們就這些議題，來檢視他們的人際困難，例如：「可欣，你曾告訴我們你是個無可救藥的完美主義者，這使得你在學校無法讓自己放鬆，也交不到朋友，但是我很納悶為什麼今天你在團體裡，並沒有真正努力地當一個完美的團體成員呢？」

團體領導者可以特定地針對某些成員，每當他們感受到一股欲急（urge），而想要縱情於不正常的飲食行為時，便建議他們發展出一些替代性的行為或策略（例如「當你感到沮喪而又正想要大吃時，你是否可以試試看打電話去找你最要好的朋友」）

無論何時，只要有病患提到新的、更健康的行為時，治療者便要積極地加以強化（offer reinforcement），並鼓勵其他成員給予正向的迴饋。

當團體結束的期限逐漸逼近時，治療者必須向成員預示再發（relapse）的可能性，並建議處理之道；治療者應要求病患回顧一下，當他們的痼疾真的再發時，他們有哪些新的、可用的因應機制（coping mechanisms），有哪些策略可以支持他們的自尊（self-esteem）。有些領導者鼓勵團體會後的社交活動（post-group socializing），以作為延續團體支持系統的一種方法。

■二、物質濫用團體（Substance Abuse Groups）

這個小節將特定地討論酒癮患者的治療，其實這些基本原則是可以應用於一般的物質濫用患者。

(一)臨床考量與目標（*Clinical considerations and goals*）

　　物質濫用團體所針對的病患可大分為兩類：一是復原初期（early recovery）的病患，另一則是持續性復原（on-going recovery）的病患。所謂復原初期的病患是指他們已經進入戒制（abstinence）的階段，並且已能接受事實，承認他們無法控制與飲酒相關的行為；戒制初期，是一個積極尋找依賴（active dependency）的時期，病患亟需從他們的團體方案（group program）中獲得大量的支持和結構化的活動。

　　復原初期團體（early recovery groups）的目的就是要一開始便拔得先機，以協助病患維持戒制狀態（abstinence），並達到滴酒不沾（sobriety）的地步。這包括要支持病患保持滴酒不沾、鼓勵他們加入酒癮患者匿名團體（AA），找出在買醉之外其他的替代行為，並持續地參與一個治療計畫。復原初期團體的目標，基本上是要對質（對抗，confront）酒癮病患所採的否認態度（denial），換句話說，對於團體中所發生的任何問題，而且是每一個問題，都要回到「酒」這個焦點上來（keeping an alcohol focus）（請見表二）。

　　當復原持續地進展時，酒癮病患們開始會感受到與他人之間那種相互依賴（interdependent）、彼此分享（sharing）的關係，並獲得一種內在的自我信賴感（self-reliance）而成為支持與力量的來源之一，誠如一位病患所言：「在持續性的復原過程中，有很大部分乃是個體與大團體之間關係的拓展和調整。」[4]。在此之際，物質濫用的病患如果已經克服了他們對物質濫用事實所採的否認態度（通常是在接受治療後的 6 到 8 個月），他們便開始可以忍受在團體環境設施下、人際導向的互動，並從中學到

一些東西。因此，（接下來的）持續性復原團體（ongoing recovery groups）的目標便可從支持（support）和以「酒」為焦點（alcohol focus）的作法，轉移到和緩的（gentle）人際學習（請見表二）。

表二　物質濫用團體的一般特徵與目標

	復原初期團體	持續性復原團體	酒癮患者的成年子女（ACA）
特徵	成員處於戒制初期的第一個階段	成員處於持續性戒制的階段	成員可能是、可能不是物質濫用者
	成員在這個時期會積極地向團體尋求依賴	成員開始生出自我信賴感	成員使用一組特有的防衛機轉（否認、非此即彼的思考、對控制的需求過強的責任感）
	成員們會極力地否認其物質濫用之事實	成員已經克服了對其物質濫用所採的否認態度	
目標	支持病患保持滴酒不沾	確保持續性的戒制狀態	對質（對抗）ACA 的密秘：我有個酒癮父母
	對質（對抗）對於物質濫用所採的否認態度	運用人際學習來促進人際關係	探索在酒癮父母撫養下成長所會帶來的影響
			幫助病患們瞭解他們特有的防衛機轉

　　在與這些持續性復原的酒癮病患打交道時，治療者也必須要知道：許多病患乃是酒癮患者的成年子女（adult

children of alcoholics [ACAs]）。某些酒癮治療門診的團體乃是特定針對各種 ACA 的議題而成立的，其成員也會包括一些未酗酒的 ACA 們。ACA 們共同的經驗就是：他們都是在一個有功能障礙的家庭中長大的，因此 ACA 團體的目標，就遠比那些專為物質濫用患者所開的團體要來得廣泛。ACA團體主要的目標是要幫助病患了解他們所特有的一些防衛技倆（defensive maneuvers），它們包括：否認（denial，「我與太太的關係很好啊」）、非此即彼的思考（either/or thinking）（「我的女兒就是很棒，但兒子則是無可救藥」）、對控制的需求（a need for control）以及過強的責任感（overdeveloped sense of responsibility）。團體一開始便需要去對質（對抗）每個 ACA 成員都覺得是最重要的一個議題，也就是：要揭開自己有一個酒癮的父母，而自己則是個酒癮患者的成年子女（ACA）的秘密。爾後，團體將進一步去探索帶著這個秘密成長所造成的影響（請見表二）。

(二)治療作業與技巧（*Tasks and techniques*）

　　為酒癮患者和 ACA 們所開的門診病患團體，常是在一般精神科門診或酒癮藥癮的特別門診舉行；病患轉來團體的時機，通常是在完成脫癮（detoxification）而從急性住院病房出院時，或是在加入某個門診治療方案後。剛開始他們必須先參加專為復原的急性階段（acute stage of recovery）所規劃的團體治療，這些團體具有高度結構化的特性，大量地運用支持（的技巧），每天聚會或一週至少三次，每次 60 到 90 分鐘，共持續四週。然後病患便可畢業，轉而參加復原初期團體，在接下來的 6 到 8 個月的復原期間，他們每週聚會 1 到 2 次。

　　復原初期團體（early recovery groups）的治療者會將

焦點放在濫用物質（如酒精）上，並會不停地嘗試去找出、並檢視成員在戒制初期（early abstinence）所遇到的各種問題。病患們可能會提出一些主題，它們類似於酒癮患者匿名團體（AA）中所討論的題目，例如學習「努力地為今天而活！」（live "just for today"），所有的成員則圍繞著這些主題給予迴饋；相對於 AA 聚會那種非互動的模式，團體的環境設施則提供了一個互補的架構[4]。（在團體之外）每週同時參加至少 2-3 次的 AA 聚會，對復原初期的病患而言乃是一種必要的安排。

　　治療者在主持復原初期團體時，必須不斷地把焦點放在「酒」（alcohol）上，對病患所採取的否認態度提出挑戰，協助物質濫用病患轉移其基本的認同（identity）和信念；團體領導者運用教育的技巧（教導有關酒精對身體與心理的各種影響）和行為與認知導向的介入處置（教導病患去發現導致他們飲酒的暗示線索，並找出一些替代性的對策）。

　　有些治療方案（treatment programs）喜歡晉用至少一位復原中的酒癮患者來作協同治療者。所有帶領酒癮患者團體的治療者都應該要觀摩過 AA 的聚會，並且要對它們很熟悉；團體領導者若想要讓對質（confrontations）能發揮效果，就必須熟稔 AA 的各種支持性技巧，這包括所謂的「十二大步驟」（Twelve Steps）、「十二大傳統」（Twelve Traditions）、各種 AA 的口號（AA slogans）、以及耳提面命者（sponsor）的運用：「目前你覺得自己好像快要失足跌倒了--你是否有遵行十二大步驟呢？你是否有找到一位耳提面命的人呢？」

　　團體領導者必須不斷地針對圍繞著物質濫用所出現的否認、藉口（excuses）、辯解（justifications）和原始的

（primitive）防衛機轉（包括責難、投射作用和嘲諷式的幽默等）進行對質。雖然病患有時會想討論為什麼他們會去喝酒，或是想要談談有關遺傳、（人格）發展、ACA、或是共依賴*（co-dependency）等議題，但在一個復原初期團體中，治療者會將這視為另一種防衛技倆，而將團體帶回到有關「酒」的焦點上去：「好吧，此刻你腦中浮現了許多兒時的回憶，但那些回憶是如何影響你目前的飲酒行為呢？」

在復原初期團體中，「此時此地」的運作（here-and-now work）是要導引成員間正向、建設性聯繫（bonds）的建立，意在協助病患們去探索並改變那些會阻擾復原的行為：例如，他們不願意尋求和接受他人的支持、他們的自大或傲慢防礙了他們承認自己對於「酒」的無能為力。

當病患們已超越了否認的階段，並開始能夠將他們的焦點從「酒」轉移到較屬人際導向的議題時，一個復原初期團體便可能會逐漸演變成一個持續性的團體。持續性復原團體（ongoing recovery groups）容許、甚至要求一種互動式、過程導向的團體經驗，而且會愈來愈像那些為非酒癮患者所開的長期性門診病患團體。辨認出（個別的）差異（recognition of differences）、激發「此時此地」（的議題）（here-and-now activation）以及進行人際迴饋（interpersonal feedback）等三項，在此乃是團體工作（groups work）中一個關鍵的部分，而不像在復原初期團體，一開始就很注重支持（的提供）。

不管是復原初期團體或持續性復原團體的成員都有可能會一再地失足（have slips）。但復原總是會擺在第一

---

*譯註：共依賴是一種病態的相互依賴，另外一個相通的名詞是 co-addiction。

位，而馬失前蹄的個人必須再回到以戒制（abstinence）為
主的焦點上去，並遵行 AA 的誡條（dictates）。在一個較
成熟、採取過程導向（process-oriented）的持續性復原團
體裡，整個團體也不一定要退回到以「酒」為焦點的狀態
去，但團體成員與治療者需要知道：強迫性的飲酒行為
（drinking compulsion）其力量是極為強大的，因此跌倒的
病患將很需要團體能給予大量而明確的支持。

在 ACA 團體，或在一個成熟的持續性復原團體中，
由於會對 ACA 的議題不斷地加以對質，因此團體領導者
要特別注意其他幾個重要的技術性事務。首先，他（她）
必須設定一個非常清楚的外在結構，包括對於團體進行的
時間與付費等議題，要讓成員獲得一致性的訊息和期望；
這些外在的界限（limits）可讓 ACA 病患覺得團體是安全
的，他們由於家庭背景之故，對於（關係）破裂的威脅
（threats of disruption）、可靠性或可掌控性（dependabi-
lity or control）的喪失以及前後不一致性（inconsistency）
等現象都特別敏感。

其次，帶領ACA團體的治療者必須會運用當面的（直
接的）支持（direct support）與（治療者的）透明化（trans
parency）。因為在 ACA 病患成長的家庭裡，否認（de-
nial）乃是家常便飯，因此他們特別需要一位頭腦清楚、開
明、和坦誠的領導者，他能夠秉持一致的作風，把隱藏在
團體中的各種論題（待議事項，agendas）都發掘出來、公
諸於團體，讓它們可以很溫和地、很安全地被探索。此
外，由於 ACA 病患所受的教養是混亂而破碎的，所以他
們對於怎樣的感受、反應和行為才是正常的，經常會感到
困惑。治療者必須這麼說：「在那種情境下，我也會覺得
深受傷害，而火冒三丈」，這種講法傳達著清晰而富支持

性的訊息，反映出治療者的情緒經驗。

　　ACA團體的領導者必須敏捷而果決地穿梭於過去經驗與它們對「此時此地」行為的影響之間：「飛鴻，從前當你母親三番兩次在宴會裡大鬧時，你必須要裝著若無其事的樣子；而今天在這裡，我想若要你承認筱詩是真的在生氣，恐怕真是件很困難的事」。ACA病患可能看起來很有能力、討人喜歡、能順從人意、並且會有不錯的成就，其實他們常常是脆弱的、喜怒無常的，在壓力之下（在團體的環境設施中，這壓力會被轉譯為：怕在團體中出現失控的情形），他們很快便會故態復萌，使用起他們所熟悉的一些防衛機轉（見表二）。

　　不論是一般性的物質濫用團體，或是特殊如 ACA 團體，其領導者都必須特別留意在他們的（治療）工作中所出現的各種反移情議題（countertransference issues）。他們必須要避免對那些有過度責任感、順從而自我克制的ACA病患給予過度的認同（overidentification），這情形就像團體治療者在面對復原初期的病患時，對於他們偶爾出現的逢迎或迴避行為，應避免表現出自己的挫敗感和怒氣。接受督導或諮詢可幫助治療者去審視他（她）自己在共依賴（co-dependency）以及 ACA 方面的議題。

■三、醫療專科問題團體（Medical Subspecialty Problem Groups）

㈠臨床考量與目標（*Clinical considerations and goals*）

　　在特定化的（專科的，specialized）醫療環境設施下，如醫院或特別門診（專科門診，specialty clinics），病患的治療性團體都是圍繞著一個共同的疾病過程而組織起來的

（如心肌梗塞、糖尿病、多發性硬化症）。它們多在診療的場所舉行，如加護中心、癌症病房、癌症門診、或血液透析中心；它們是由心理衛生專業人員（mental health professionals）與對病患的疾病和治療受過專科訓練的衛生照護人員（health care workers）所共同領導的；這類團體可能依照一個既定的模式運作：有一組固定的成員、固定的幾個會次；或是採取持續進行、來就參加（隨到隨進，drop-in）的方式，成員們進進出出，各式各樣的主題都是在團體中自發地形成的，每次都不相同。病患家屬偶而也會加入這種團體。

醫療專科問題團體（medical subspecialty problem groups）的目標有下列數點：

1. 使治療的環境人性化
2. 增進病患與醫療的配合
3. 在潛移默化中燃起成員們的希望
4. 針對特定的健康問題與生活型態上必要的改變，提供相關的資訊。

㈡治療作業與技巧（*Tasks and techniques*）

在醫療環境設施中，短期的治療團體開始時總會先討論病患們最關切的問題，它們包括了：疾病直接的醫療處理及其所帶來的衝擊。而在長期的、較為開放性的團體，如血液透析團體或癌症團體，其他人際互動導向的議題則可能會隨著時間而逐漸浮現出來，而且可能是以一種很和緩的方式被提出來的。

罹患某種嚴重的身體疾病的病患，常常學會以身體的抱怨來表達各種感受，團體治療者必須很敏銳地察覺到這種反覆出現的人際主題（interpersonal theme）。病患對於他所依賴的那些人的憤怒感受、憂鬱和無望感都可以被轉

譯（translate into）爲一堆身體的抱怨。身體疾病患者也常透過不遵從醫囑（treatment noncompliance）或藉著破壞治療計畫，來表達否認或反抗（rebelliousness）。

　　爲罹患內外科疾病患者所開的團體並不會假定或暗示：成員們的疾病是因其人格結構或各種潛意識的願望、驅力或衝突所造成的。團體的領導者要避免作（團體）過程的詮釋（process interpretation），而要強調正向的因應技巧（應變技巧，coping skills）、利他行爲以及團體成員間有益的互動。治療者要積極地鼓勵病患們互通有無，彼此都能成爲他人的資訊、模仿行爲以及支持的來源。治療者會強烈地鼓勵團體外的社交活動（out-group socializing）。

　　醫療專科問題團體的界線（boundaries）相當不固定。配偶、朋友以及其他家屬都可定期或間歇地加入，以便他們能獲得有關病患內外科問題的一些資訊。團體治療者要幫助病患及其家屬，打破他們認爲自己或多或少要爲疾病負責的迷思。（治療者）應該要注意能夠不時地鼓勵（病患）去改變那些可能會對疾病有不良影響的生活型態（lifestyle），或其他一些嗜好（habit patterns）；並要不斷地強調：疾病乃是一個家庭事務（a family affair），所有的家庭成員都可以、也必須參與。

第三節　支持團體

　　支持團體（Support Groups）*廣見於（病患的）自助

---

*譯註：support group 譯為:支持團體，為一專有名詞，而非支持性團體（supportive group）。

運動（self-help movement）或專業人員參與的情境當中。自助團體乃是在非專業的環境設施下，針對某種生活問題或生活情境（life problem or life situation）應運而生的，而且一般都沒有領導者；這類團體的數目近年來急遽增多，宛如過江之鯽。至於由專業人員所主持的支持團體則是由一個訓練有素的團體治療者來帶領。

　　就像醫療專科團體一樣，支持團體乃是透過普同性（universality）與代理學習（vicarious learning）這兩種（治療）機轉，來減輕與某種特殊情境有關的害怕、焦慮、和孤獨感。這類團體十分鼓勵（成員）發展一些新的因應之道（coping mechanisms）和新的行為策略（strategies for behavior）。

■一、一般性臨床考量與目標

　　支持團體的成員組成同質性相當高，成員們是為了要對抗某個共同的問題而結合。這類團體是依據大家所共同遭遇到的生活問題或症狀而組織起來的，例如畏懼症患者（phobics）、要適應離婚生活的人、阿茲海默症病患的配偶、罹患愛滋病的人、疾病末期的病患、強暴受害者、與越戰退伍老兵……等所組成的團體。

　　支持團體常由許多宗教與非宗教組織來贊助。團體聚會乃是在門診的環境設施（outpatient settings）中進行，其範圍極為廣泛，從教堂裡的會議室到社區中心，乃至於門診討論室都有。成員的人數也有很大的差異，主要視其所在的環境設施與贊助機構而定：一個在猶太社區中心所舉辦的離婚支持團體，為期三個月，可能有 15 名成員，而一個在婦女諮商服務中心所持續進行的強暴危機處理團體，每兩週舉行一次，人數可能只有 3 到 4 名，而且成員變動

非常快速。

■二、一般性治療作業與技巧

　　同質性的支持團體之所以會被運用，是因為「強調共同的奮鬥（目標）」對很多人而言就是一種相當有效的治療。治療者運用團體成員之間的各種相似性來培養普同性與團體的凝聚力；這可以幫忙來克服因認為自己是世上唯一的受害者而造成的疏離感和低落的士氣。

　　從團體成員觀點來看，其背後的假設是：唯有在相同處境的人才最能幫助自己，因為局外人無法完全瞭解自己獨特的問題。由於一個支持團體的成員們具有許多共通的經驗，因此很容易看穿彼此的真面目，所以他們能夠要求每一個人應將大家所共通的各種想法、感受以及事件全盤托出。例如一位藥物成癮者去參加越戰退伍老兵的支持團體，當他經驗到其他成員也曾經歷過的戰爭情景之返現（flashback）時，他便面臨了極大的挑戰，到底要選擇「放棄」（毒品）（cop out），還是要「爽一下」（get high）。

　　支持團體的領導者要鼓勵成員們看待自己是在對壓力作反應（reacting to stress），而不是有什麼內心的（intrapsychic）或人際上的衝突。治療者不只要幫助成員對質（勇敢地去面對，confront）自己行為中調適不當或病態的部分，他（她）也必須要積極地協助病患們去支持別人，去發現別人的優點。因此他們常會運用一個清楚的論題（agenda）、一些結構化的練習活動、並以團體的方式進行問題解決與建議的給予。

　　這裡有一個臨床實例，是關於一位在愛滋病治療病房工作的住院醫師，她在每週一次的支持團體的會議中談

到：她被病患人數的重擔壓得喘不過氣、感到心情憂鬱。團體中的護理人員發現這名住院醫師從來不會露出半點的擔憂或悲傷，因此建議她放下自信的外表，而要開始向她們尋求幫助。隔週，這位住院醫師果真每當她對病患的臨床狀況感到焦慮時，便開始會請求給予一些幫忙和支持。當這個支持團體再度聚會時，領導者便鼓勵成員們對這名住院醫師的新行為給予正向的迴饋。

■三、喪慟與其他巨災性生活事件團體（Bereavement and Other Catastrophic Life Event Groups）

(一)臨床考量與目標

為剛面臨喪親之慟的人、正遭逢離婚之苦的人、或正處於疾病末期的病患所開的支持團體都有其類似之處，因為這些團體的成員都會發現到：自己不只是在處理正常生活型態中一些非常具體的改變，同時也涉及到一些複雜、抽象的存在性議題。重大的生活事件與生活型態上的改變，對一個人每天實際的生活會產生很大的壓力，而團體便是在這層次上提供成員許多的支持；然而這類支持團體的成員常會討論到一些較深刻的人生議題，例如：人生的意義、他們所採取的人生方向、以及他們個人的價值觀與渴望等等。

喪慟（bereavement）是一個承受極大失落與壓力（maximum loss and stress）的時刻；喪慟者（以及那些面臨巨災性生活事件的人們）會經驗到某種重要而明確的角色之失落、社交關係的改變、以及對其終必凋零之命運（mortality）的一些隱涉（implications）。喪慟支持團體之目的是要創造一個環境設施（setting），讓才剛成為鰥

夫寡婦的人能夠分享彼此的經驗，並在這個過程中形成一個暫時性的社群（community），在其間，他們可以深獲同儕們的瞭解。

這效果可分為三個部分來講：

1. 團體聚會可以幫忙克服剛逢喪慟的人所常出現的社交孤立（social isolation）
2. 成員們當下都正經歷著巨大的痛楚和失落，討論則可讓人獲得一種普同感（universality）。
3. 當成員們開始去檢視那些橫逆在前之生活型態的改變時、當他們開始想要探索未來的新風貌時，團體便可提供支持（的力量）。

(二)治療作業與技巧

一些為鰥夫、寡婦所開辦的喪慟團體，乃是由社區中心、宗教團體、以及私人非營利的自助組織來贊助的。許多團體只舉行固定幾個會次（幾次聚會）（8-12 次），採取封閉性的成員制，但有些團體則是持續地進行，並為開放式的團體。

一般而言，這些為了面臨巨災性生活事件（如喪慟）的人們所設立的團體都會相當成功。成員們都投入得很深；信賴感、凝聚力以及自我揭露的程度都很高；聚會往往很有影響力，出席也十分踴躍。近來的研究進一步證實了配偶喪慟團體（spousal bereavement groups）的效果（efficacy）：一群鰥夫與寡婦，在喪偶之後六個月，參加了一個有八次聚會（八個會次）的團體，起初他們悲痛的程度雖然很高，但經過一年的追蹤，發現他們所獲得的改善程度遠比沒有參加團體的對照組（a no-group control population）來得顯著[6]。

團體領導者必須建立一些規範（norms）好讓一個團體

顯得既安全又具有支持力，他（她）應鼓勵成員們進行和緩的（團體）過程的回顧（process review），而且在適合的情況下，領導者必須作些「此時此地」的介入處置（interventions），它們乃是針對那些已在團體中浮上檯面、而與喪慟和個人改變有關的特定議題所量身訂做的。例如，瑪麗是一個舉止有禮但害羞的女人，以往她總是屈從於她那個粗暴的先生之下，當她表示擔心自己說話會佔去了配偶喪慟團體太多時間時，治療者便可藉由探索她這種擔心的感覺，而將焦點放在她自我放棄（self-abnegation）的行為上，如：「其他的人怎麼看待這件事呢？在這團體裡，哪些是應該的行為（the shoulds for behavior）呢？這些規範是從何而來的？」

各種「應該」（shoulds）乃是一些個人本身或自覺社會對行為的期望（personal or perceived societal behavioral expectations），針對這些「應該」所作的介入處置特別適用於巨災性生活事件團體。成員們必定會發現：針對他們戴在身上的各種「應該」的金箍咒進行反省往往蠻有幫助的，這些「應該」包括：我至少應該悲喪（grieve）一整年才對、我應該趕快丟光配偶所有的物品、我在週末不應該一人獨處、或在某一段時間內，我不應該去發展新的性關係。

由於失落（loss）對每一個喪慟團體的成員而言，都是一個很重大的議題，因此領導者在擔任時間把關者（timekeeper）的角色上就顯得格外重要。在有期限的團體（time-limited groups）裡，治療者可以運用「預期性懊悔」（anticipated regret）這個有力的工具來激勵成員，例如說：「我們還剩四次的聚會，如果團體在今天就要結束了，你會後悔自己還有什麼沒與我們大家分享的？」

一些特定的結構化練習活動（structured exercises），

例如請成員們將結婚照片帶到團體裡來，這將有助於誘發新的討論素材、或可鼓勵自我揭露（self-disclosure）。一般來說，在喪慟團體中，治療者必須非常留意使用結構化練習活動的時機，以免它們阻礙了一些更為自發性的互動和討論之浮現[7]。

　　治療者必須要知道哪些議題和主題（issues and themes）是喪慟中的配偶（或是其他面臨巨災性生活事件的人）所揮之不去的，這樣他（她）才能促使這些主題在團體的環境設施下及早浮現而被討論。對喪慟者而言，最重要的主題包括了：改變、時間與儀式、新的關係、以及存在性的議題（請見表三）。其中有兩個主題，對於喪慟中

表三、喪慟支持團體中重要的主題

改變：	一個人該如何從「我們」轉變（transition）為「我」呢？
	我是誰？
	什麼讓我產生自我感（sense of myself）、讓我有自我的認同感（sense of my own identity）？
時間與儀式：	我需要悲喪（grieve）多久？
	為什麼一些儀式會有幫助呢？
新的關係：	我要隔多久才能開始另一段新的戀情？
	另結新歡是對死去的另一半的背叛嗎？
存在性議題：	我勤奮工作，生活得正正當當，為什麼命運對我這麼不公平？
	對於我終必凋零的命運（my own mortality），我學習到了什麼？
	我如何能將餘生過得最有價值？
	以前我人生的意義就是作好一個太太（先生）的角色，現在我如何找到（人生的）意義？沒人會在意我的生死了？我雖孤單一人，但我也自由了

的配偶會有特別豐富的內容，而且兩者之間也有某種相互關聯性（interrelatedness），它們分別是：「改變」（change）這個主題（從「我們」轉變爲「我」）與對自身與自己的人生的責任（responsibility for oneslf and one's ownlife），這個存在性的主題。在喪慟團體的整個過程中，團體領導者必須要能察覺到：成員們所要奮力克服的都是一些複雜的問題，諸如成長、認同與對未來的責任等。

■四、專業人員的支持團體（Professional Support Groups）

㈠臨床考量與目標（*Clinical considerations and goals*）

專業人員的支持團體是設計來幫助專業人員面對具有高度壓力的工作環境，例如加護病房、住院醫師的訓練計劃、以及有愛滋病患者的病房，有時還會包括某些大家共用的環境設施（corporate settings）。在這類團體中常會浮現出許多與工作相關的抱怨，以及對專業上的「耗竭」（professional burn-out）現象的一些關切。常見的例子包括：

1. 由於過度的工作負擔以及人員或行政支援的不足，造成挫折感。
2. 對於實際的或感覺上的（perceived）權力分配情形感到氣憤。
3. 由於巨大的專業責任和在壓力下工作所帶來的持續性壓迫感，因而導致不安全感和無力感。
4. 與協同工作者（co - workers）在人際方面的行事風格出現相左的情形。

從事助人專業和在臨床環境設施中工作的人往往要肩負著額外的重擔，要不斷地去面對失落、慢性化、形貌改

變（disfigurement）、與死亡等議題。

專業人員的支持團體偶爾會為了某個特殊的危機或大災難而組織起來，例如負責精神科急性治療業務之主管階層的醫師，在進行管理上的變動時，會替工作人員安排一個靜修活動（retreat）。（支持）團體的聚會可能是每週一次或每月一次地持續下去、或是作為年度工作坊或靜修的一部分活動。負責籌劃支持團體的通常是一些行政或管理階層的人員，他們可能會找一個外面的顧問來帶領或推動這團體。

專業人員的支持團體有兩大目標：其一是針對與工作相關的議題增進溝通，其二是降低工作場所內不必要的情緒緊張（emotional tension）。個人的需求與專業組織或結構的需求之間的互動（例如在物質濫用門診中，工作人員的與案主的各種需求），一般都會是團體中潛藏於後、且最為強勢的主題之一。每次開會也可能完全是問題導向的（problem-oriented），並可能有一些特定的目的，例如教導工作人員如何應付惡言相向的病患、幫助成員發展一些策略以便更有效地運用時間、或是指導個人做一些放鬆練習。

(二)治療作業與技巧（Tasks and techniques）

在帶領專業人員的支持團體時，治療者要試圖營造一種開放的、學院式（collegial）的氣氛，讓大家一起來檢視一些共同的問題，而要避免形成一種分析式的氣氛，那會鼓勵成員對內心的（intrapsychic）衝突進行深度的審察。剛開始的時候，要避免討論來自工作場所以外的議題，但是個人的生活事件，如結婚、離婚、擔任母職、產假等等，其所帶來的衝擊最終必會顯露出來，若會影響到專業表現時，則需要予以檢視。

　　籌劃支持團體的人員一旦決定了其型式（例如，一個小型軟體公司的人力資源部門，要求一位治療者為所有管理階層的員工，主持一個為期六次的「解決問題」取向的團體），團體領導者就必須著手去組織各次聚會（各個會次）。很重要的一點是：團體，尤其是在早期的幾次聚會裡，不要太將焦點放在任何一位成員的行為或問題上；成員們反而應該去找出大家所共有的問題。許多團體常會努力不懈地想找出一個「病患」，因為這樣提供了一個引人注目的話題，並可促進早期幾次聚會的進行；但很快地，這種情勢會造成有人成為犧牲品，並產生反效果。

　　取而代之的是，治療者必須請比較資深的成員與他人分享他們對工作環境中種種壓力的因應之道，並談談一些持續存在而他們也仍難以克服的問題，透過這種方式來鼓勵利他行為和建議的給予。如果團體充滿了憤怒，最好的方法就是讓成員們有系統地、公開地找出所有重要的壓力和挫折，而不是讓這些感受在團體中間接而迂迴地流瀉出來（如「這些聚會的時間真的影響到我們部門上下班的時間」）。治療者需要小心翼翼地拿捏衝突與敵對感受的表達程度；太早、太強烈的表達，不論是直言不諱的憤怒或對質，都會對團體的凝聚力形成極大的威脅。

　　各種專業人員的支持團體在整合「此時此地」的互動之整體能力上，各有不同。舉例來說，一個為精神科住院醫師所開的團體必然能從「此時此地」的激發（here-and-now activation）與（團體）過程的闡明（process illumination）中得到好處；而一個為加護病房護理人員所開的支持團體則可能會發現：這種作法對於一直站在第一線工作的護理人員沒有什麼幫助，其中一個原因就是成員們可能花了很多精力，在處理與工作有關的壓力上，所以剛開始

的時候，對於工作人員之間的人際緊張（tension）並沒有興趣去作對質；要到稍後，當成員間正向的感受與相互依賴感（mutual interdependence）建立起來時，才能就工作當中各種人際的緊張關係與缺陷，進行和緩而具有支持性的探索。

　　從事一些要求嚴苛的職業之專業人員有時會覺得自己握有很大的權力、能勝任自如、很有功效；而有時又會覺得自己像個騙子、深感無能、沒有用處。因此，要鼓勵成員們去找出、並檢視那些會威脅其勝任感（feelings of competence）的特定議題，這可以增強他們的有用感（sense of effectiveness）。另外也可鼓勵他們對某個特定的挑戰達成一個共識；例如一群心理系的實習生，當他們以團體的方式去對抗一個會影響到他們受訓的行政決定時，將會覺得他們的能力感（sense of power）大爲提升。但在這同時，身爲一個專業人員支持團體的治療者必須要小心，以免在一個爆炸性的議題上，只增強了單純代表團體行動化（acting - out）的行爲；或是不慎造就了一個十分情緒性（charged）的情境，使得團體的分裂和次團體的形成變得無法避免。

　　在一些工作繁忙的專業人員的團體裡，「耗竭」（burn-out）現象是個特別重要的主題，成員們會說他們下了班仍然無法忘掉自己的工作，或是喪失了娛樂、遊玩、或真正放鬆的能力。有些人會變成工作狂、有些人則覺得了無生趣或是對其工作場所長期感到不悅。許多人成了物質濫用者。治療者可以運用並教導一些身體上或心理上的減壓（tension-reducing）技巧，例如放鬆練習、誘導式心像（guided imagery）、以及自我催眠等。這些技巧在週末靜修活動或長時間的工作坊裡尤其重要。

　　專業人員的支持團體最好有一定的聚會次數，或採取一個有限度的時間架構（finite time frame）。這是在強調團體的成員基本上是健康的、具備完好的應變與解決問題的能力、因而也不需要正規的治療。這類支持團體強調專業人員的長處與勝任能力（strength and competency），因此鼓勵他們看待自己（的情形）乃是對工作場所的環境壓力所作的反應（see themselves as reacting to the environmental pressures of the workplace）。雖然專業人員的支持團體應該要有期限（time-limited），但是對於一個會持續下去、重覆舉辦的部分，若能事先排定、且能預作準備（如一年一度的工作人員靜修活動）則會有些好處，因為這樣可以幫忙來整合新的成員，並可定期來重新檢視專業人員的各種壓力源、應變技巧、以及工作場所中的人際互動。

第四節　功能維持與復健團體

　　功能維持與復健團體（maintenance and rehabilitation groups）的目的是要在各種不同的門診環境設施下，來治療患有慢性精神病（chronic mental illness）或具有慢性行為問題的病患。在第七章中有關慢性住院病患團體的章節裡（譯註：指第二節），許多被討論到的一般性原則都適用於這群病患。

■一、日間留院與居住治療團體（Day Hospital and Residential Treatment Groups）

　　所有的日間留院與復旦之家（Day hospitals and halfway houses）都擔負著兩種角色：一來它們為新近出院的

病患提供了一個過渡性的起居環境，另一方面，它們則為那些無處可去便只得住院的病患提供了一個持續而穩定的、並且是結構化的治療環境設施。

(一)臨床考量與目標（*Clinical considerations and goals*）

在日間留院與復旦之家，病患乃是在一個提供了完整而結構化的治療方案（treatment program）的設施中，參與各種排定的職務與活動，而渡過其白天的時光或過他們的家居生活。這些方案會運用到產業治療、休閒生活規劃、運動和外出、以及團體心理治療。不同的治療方案所處理的臨床病患族群便有很大的差異：某些日間留院和復旦之家所收置的病患是一個混雜的族群，其中包括了慢性精神病患者、以及其他各式各樣的精神科疾病患者；而有些日間治療方案或居住治療方案則排除需要服用抗精神病藥物的病患、或是有精神病病史的個案。一般而言，有嚴重的行為挑釁、有強烈的自殺可能性、或屬於急性精神病狀態的病患並不適合這類的治療方案。

日間留院與復旦之家的整體目標便是要模擬真實的生活，並強調各種真實的工作。參與這類方案的病患通常會規律地從事兼差性的工作，它們可能是有給職、志工、或是居所週遭的各種庶務性工作。對於這些結構化的工作性活動，病患們的反應以及處理方式，乃是團體中需要加以檢視的重要素材。

日間留院與居住治療方案會運用到三類不同的團體，相對應的也有三組不同的目標：

1. 透過小團體來檢視病患們的各種人際策略。

2. 在工作導向或庶務性團體的環境設施下，如社區會議（community meetings），來創造各種模擬生活的情境，著重於合作與責任感（的培養）。

3.在經過設計的社交團體中進行社交技巧的學習。

此外,日間留院與各種居住治療方案乃是依據另外三項重要特徵建立起來的,它們分別是:

1.對於可容許的行為(permissible conduct)設定一些特定的規則。

2.從治療方案的病患中遴選出一個管理(自治)的團隊(governing body)。

3.至少某些團體會議需要有一些既定的論題(討論事項)(set agendas),例如每天的社區會議。

舉例來說,不同的病患對一些既有的規定與守則(rules and regulations)的反應方式,或參與自治(self-government)的態度,馬上便能顯示出他們的人格與精神病理的某些層面,這些現象即可在團體治療工作中進一步地加以探索[8]。這些團體的整體目標即在達成復健與支持(請見表四)。

(二)治療作業與技巧(Tasks and techniques)

各種日間留院與居住(治療)方案每天都會開社區會議,所有的病患都要參加,同時也有一些較小型的治療團體,則是每週聚會 3 到 6 次。社區會議(community meetings)通常都是由病患所遴選出來的管理團隊(governing body)來主持,並且有一些既定的論題(討論事項)(set agendas)(分配例行的庶務、解決一般性的抱怨、計畫外出活動等);而治療團體(treatment groups)則包括 4 到 8 個病患,定期地與一兩位治療者聚會,著重在特定的人際或社交技巧的議題上。

因為治療方案背後的準則(precept)就是要為病患們提供安全而有幫助的結構,所以團體工作(group work)中的一部分治療作業(task)即在支持並強化治療方案的

結構，例如檢視病患之間或病患與工作人員之間的各種緊張關係（tensions）。與標準（原型）互動團體（prototypic interaction group）的運作所不同的是：在日間留院或居住治療團體中，各種既定的行爲規範（或是團體成員在改變規範上所應負起的責任）是不能受到質疑的。相對而言，病患們對於既定的行爲規範及行爲期望所作的反應，卻正是很重要的治療資訊，而且也是團體工作中所要探索的部分素材。

治療者應當清楚地表達他（她）的期望，請成員要準時出席、在會議中能坦誠地溝通；團體領導者必須積極地反對分裂性的次團體形成（divisive subgrouping），或犧牲他人的行爲，而且應該幫助成員們認識到：他們的進步是與別人的進步息息相關的。各種委員會的結構、各式的日常活動、以及各樣的團體聚會形成了環環相扣的系統，使得病患們對於自己與他人的福利，都需要負起責任（co-re-sponsibility）。治療者要鼓勵病患們積極地扮演好各種不同的角色，以便他們對自己的生活能有更好的掌握，並發展出一些新的人際（行爲）模式。

表四　日間留院與居住治療團體的目標

・重建適當程度的心理功能
・矯正調適不當的人際策略
・在結構化、治療作業導向的環境中，改善病患的功能
・支持病患在社交與工作環境設施中發展出新的技巧與應變之道

■二、藥診與慢性後續照顧團體（Medication Clinic Groups and Chronic Aftercare Groups）

(一)臨床考量與目標（Clinical considerations and goals）

　　藥診團體（medication clinic groups）與慢性後續照顧團體（chronic aftercare groups）乃是針對慢性精神疾病患者（the chronic mentally ill）而設立的，它們有好幾個目標，包括：給予抗精神病藥物的教育、討論藥物的副作用、增進病患對於門診治療計畫的順從性、以及提供支持與社會化的機會[9-11]。

　　這類團體典型地是每週或隔週會面一次，但也有一個月才聚會一次的。它們乃是藥物迴診（medication review appointment）或是例行排定的追蹤治療（routine scheduled follow-up）的一部分，因此就在門診進行；它們可以在病患與其個案工作者（caseworker）或精神科醫師會面之前或其後舉行，有時甚至可以取代個別的會面。團體偶而會依據某個特定的議題（例如一些當前的事件，或各種社交技巧），或針對某種特定的藥物（如鋰鹽團體）而開辦。參加藥診團體的病患大多是慢性精神病的（chronic psychotic illness）患者，並且接受各式各樣長期抗精神病藥物（的治療）。

(二)治療作業與技巧（Tasks and techniques）

　　針對這群病患的團體工作（group work）其主要原則雖然類似於低功能的急性住院病患團體和慢性住院病患團體，但有四個特定的考量，卻是藥診團體和慢性後續照顧團體所特有的：

　　首先是關於抗精神病藥物及其副作用的教育。雖然團體領導者可以、且應該給予一些教導性的說明，但領導者也應鼓勵病患之間針對一些主要症狀和副作用，彼此給予建議；病患們常會覺得這是個很有吸引力的主題，並且會很熱切地去比較彼此的筆記，因而助長了安全而不具有挑撥性的人際交流（interchange）。

　　其次，大多數的慢性精神病患者會有幻聽、具有妄想傾向、或在某些時候思考會變得失序、混亂。這些症狀讓病患們在團體裡可以有一個共同的話題，而成員們也可證明彼此的不尋常經驗是有問題的。例如一位病患可能會說電視一直有聲音在對他說話，使他深感苦惱；精神病症狀比較輕的成員可能便會安慰他說：他們並沒有聽到那些聲音，而且那經驗雖然感覺起來很真實，但那些聲音卻不是真的；接著，治療者便鼓勵大家作一個廣泛性的討論，看看有那些實用的策略可用來因應幻聽；再來病患們可針對那些擾人的症狀，互相分享他們所發現的有用因應技巧，例如避免各種壓力情境、服用足夠劑量的藥物、聆聽音樂、與朋友聊天、或從事個人的嗜好。同樣地，具有偏執想法的病患，可以學著以一種不帶質詢意味的方式，去徵詢其他團體成員，看看其害怕是否為真，而來鬆動其多疑之心。

　　許多慢性精神科病患，由於對人缺乏信任，加上社交技巧欠佳，因而過著寂寞、離群索居的生活；因此，藥診團體或慢性後續照顧團體的第三個考量乃是社交技巧的改進。治療者必須指導病患去嘗試新的溝通方式，如問：「文潔，請你告訴我們，你之前去參加了姊姊的生日宴會，情形究竟如何？」或：「文潔，德瑞馬上就得去參加家庭聚會，他覺得很擔心，不知道你是否曾經找到一些與

家人的應對之道呢？」

　　第四，也是最後一點，就是要讓病患們針對其疾病所帶來的污記（stigma）及後遺症，抒發他們的感受，這也能讓團體會議帶來豐碩的收穫。討論病患們的寂寞、疏離感、病情好轉的希望破滅，有時甚至討論些存在性的問題，都可以使病患有所獲益。團體的領導者將需要富有同理心，而不應表現出甘心受苦或過度樂觀的態度：「當你想到自己必須與一個慢性病共渡一生時，便會覺得這世界似乎很不公平」。雖然憤怒（anger）被當作一般性的議題來討論時，例如對生命或命運的憤怒、對團體外的人物或事件的憤怒，大家或許還能容忍，但當成員之間相互表達憤怒時，治療者則必須要很果斷地去處理，而那個題目也要見狀就收，很有技巧地加以轉開。

　　病患從團體同儕（peers in the group）那裡所獲得的鼓勵和迴饋可增進對於服藥與治療計劃的順從性，並可減少臨床退出率，這種方式遠比一對一（個別）的追蹤治療方式來得有效。教育、支持、安全感與連續性乃是藥診團體的四大支柱，若能成功地運作，將可大大地幫助病患繼續接受治療，並減少再住院的情況發生[10,11]。

參考資料

1. Inbody DR, Ellis JJ: Group therapy with anorexic and bulimic patients: implications for therapeutic intervention. Am J Psychother 1985; 39:411-420
2. Mackenzie KR, Livesley WJ, Coleman M, et al: Short-term group psychotherapy for bulimia nervosa. Psychiatric Annals 1986; 16:699-708
3. Schneider JA, Agras WS: A cognitive-behavioral group treatment of bulimia. Br J Psychiatry 1985; 146:66-69
4. Brown: Treating the Alcoholic: A Developmental Model of Recovery. New York, Wiley, 1985
5. Weiner MF: Homogeneous groups, in Psychiatry Update: American Psychiatric Association Annual Review, Volume 5. Edited by Frances AJ, Hales RE. Washington, DC, American Psychiatric Press, 1986
6. Lieberman M, Yalom ID: Short-term bereavement groups: a controlled study. Manuscript in preparation
7. Yalom ID, Vinogradov S: Bereavement groups: techniques and themes. Int J Group Psychother
8. Lazerson JS: Intergrated psychotherapy at the Day House. Psychiatric Annals 1986; 16:709-714
9. Payn SB: Group methods in the pharmacotherapy of chronic psychotic patients. Psychiatr Q 1965; 39:258
10. Herz MI, Spitzer RL, Gibbon M, et al: Individual vs. group aftercare treatment. Am J Psychiatry 1974; 131:808
11. Masnik R, Olarte SW, Rosen A: Coffee groups: a nine-year follow-up study. Am J Psychiatry 1980; 137:91-93

　　團體心理治療廣泛地使用於各種臨床環境設施（clinical settings）中，而且已被證實具有一定的療效。它利用到各種不同的治療因子（therapeutic factors）或促使改變的機轉（致變機轉，mechanisms of change），而其中有許多是團體心理治療所獨有的；一些治療因子廣泛地出現於許多不同種類的團體之中，諸如普同性、利他性、情緒的渲洩、資訊的傳授等，而人際學習（interpersonal learning）這個因子，雖然頗具療效卻常被誤解，它需要有經驗、有技巧的團體治療者，在一種特定化的（有特定對象的）互動環境設施（specialized interactional setting）下，才能發揮出來。因此不同類型的團體、在不同的階段之下，所出現的治療因子的群組（constellations）便各有不同。

　　所有的（精神科）臨床醫師都必須熟悉團體治療中各種特定的技巧與介入處置（interventions），它們包括了：「此時此地」的運作（working in the here-and-now）、治療者的透明化（therapist transparency）、以及各種團體程序輔助技巧（procedural aids）的運用。這些重要的、根本的技巧都可加以修改，以適用於任何特定化的團體環境設施，它們從急性住院病患團體，到症狀導向的門診病患團體都有。實際上，團體心理治療的妙勝之處也就在於它的

順應性（adaptability）：它是一種有彈性且有效率的心理治療模式，它可包容許多極為不同的臨床環境設施、治療目標、與病患。

索　引

國家圖書館出版品預行編目資料

團體心理治療／Sophia Vinogradov,
Irvin D. Yalom著；鄧惠泉，湯華盛
譯. ——三版.——臺北市：五南圖書
出版股份有限公司, 2024.05
面；　公分
譯自：Concise guide to group
　　　psychotherapy.
ISBN 978-626-366-893-5（平裝）

1.CST: 心理治療　2.CST: 團體諮商
3.CST: 團體輔導

178.8　　　　　　　　　112021487

5J05

團體心理治療

作　　者 ─ Sophia Vinogradov、Irvin D. Yalom

譯　　者 ─ 鄧惠泉、湯華盛

發 行 人 ─ 楊榮川

總 經 理 ─ 楊士清

總 編 輯 ─ 楊秀麗

副總編輯 ─ 王俐文

責任編輯 ─ 金明芬

封面設計 ─ 姚孝慈

出 版 者 ─ 五南圖書出版股份有限公司

地　　址：106台北市大安區和平東路二段339號4

電　　話：(02)2705-5066　　傳　　真：(02)2706-61

網　　址：https://www.wunan.com.tw

電子郵件：wunan@wunan.com.tw

劃撥帳號：01068953

戶　　名：五南圖書出版股份有限公司

法律顧問　林勝安律師

出版日期　2002年2月初版一刷
　　　　　2007年2月二版一刷（共八刷）
　　　　　2024年5月三版一刷

定　　價　新臺幣400元

經典永恆·名著常在

五十週年的獻禮 —— 經典名著文庫

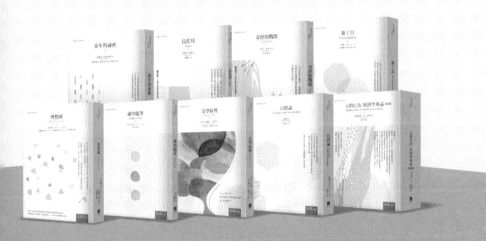

五南，五十年了，半個世紀，人生旅程的一大半，走過來了。

思索著，邁向百年的未來歷程，能為知識界、文化學術界作些什麼？

在速食文化的生態下，有什麼值得讓人雋永品味的？

歷代經典·當今名著，經過時間的洗禮，千錘百鍊，流傳至今，光芒耀人；

不僅使我們能領悟前人的智慧，同時也增深加廣我們思考的深度與視野。

我們決心投入巨資，有計畫的系統梳選，成立「經典名著文庫」，

希望收入古今中外思想性的、充滿睿智與獨見的經典、名著。

這是一項理想性的、永續性的巨大出版工程。

不在意讀者的眾寡，只考慮它的學術價值，力求完整展現先哲思想的軌跡；

為知識界開啟一片智慧之窗，營造一座百花綻放的世界文明公園，

任君遨遊、取菁吸蜜、嘉惠學子！